KJB

Foto: privat

Barbara van den Speulhof, 1959 in Aschaffenburg geboren, arbeitet als freie Autorin, Texterin, Hörspielproduzentin und Regisseurin überwiegend für Kinderproduktionen. Für viele Kinofilme hat sie Hörspiele produziert und begleitende Bücher geschrieben. Sie lebt in Frankfurt am Main.
Bei Fischer sind von Barbara van den Speulhof auch ›Pippa, die Elfe Emilia und die Katze Zimtundzucker‹, ›Pippa, die Elfe Emilia und die Käsekuchenschlacht‹ sowie ›Schutzengel Valentina von Wolke 17‹ (mit Bildern von Annette Swoboda) erschienen.

Foto: privat

Regina Kehn studierte Illustration an der Hochschule für Gestaltung in Hamburg. Seit 1990 arbeitet sie als freie Illustratorin für Zeitschriften und Kinderbuchverlage. Für ihre Illustrationen wurde Regina Kehn 1993 für den Deutschen Jugendliteraturpreis nominiert und erhielt 1996 die Bronzemedaille in der Sparte Illustration vom Art Directors Club. Sie lebt mit ihrem Mann und ihren beiden Töchtern in Hamburg.
Für Fischer hat Regina Kehn schon viele Bücher illustriert, u. a. alle ›Pippa‹-Bände von Barbara van den Speulhof.

Weitere Informationen zum Kinder- und Jugendbuchprogramm der S. Fischer Verlage, auch zu E-Book-Ausgaben, gibt es bei *www.fischerverlage.de*.

Barbara van den Speulhof

Pippa, die Elfe Emilia und das Heißundeisland

Mit Bildern von
Regina Kehn

KJB

MIX
Papier aus verantwortungsvollen Quellen
FSC® C083411

Erschienen bei FISCHER KJB

Umschlaggestaltung: bilekjaeger, Stuttgart
Umschlagillustration: Regina Kehn
Satz: Dörlemann Satz, Lemförde
Druck und Bindung: CPI books GmbH, Leck
Printed in Germany
ISBN 978-3-596-85637-4

Bücher kann man überall lesen.
Auch in der Badewanne.
Pippa, 10 Jahre

Manche Bücher sind Musik für die Seele.
Lang lebe der Rock 'n' Roll!
Oma Dotti, 81 Jahre

Lieber barfuß als ohne Buch.
Isländisches Sprichwort

Inhalt

Eins

Sturmfreier Buchladen

»Egal, ob Geburtstag, Ostern oder Weihnachten. Ein Buch muss immer zu den Geschenken gehören.« Mama setzte sich neben Papa aufs Sofa und wedelte geheimnisvoll mit einem Briefumschlag vor unseren Nasen herum.

»Und zwar für jeden«, fügte Papa grinsend hinzu.

Meine drei Brüder und ich platzten fast vor Neugierde. Nach einer halben Ewigkeit überreichte mir Mama einen Umschlag, den sie mit einem dunkelblauen Nachthimmel, gelben Sternen und einem halben Mond bemalt hatte.

»Das ist für uns alle«, verkündete sie feierlich.

»Da soll ein Buch für jeden drin sein?!«, rief mein Bruder Jannik, und Julius, sein Zwilling, sagte: »Wahrscheinlich sind die mit Zauberstaub auf Briefmarkengröße geschrumpft worden!«

»Zauberstaub? Wo gibt's denn so was?«, fragte Papa.

»Kann man übers Internet bestellen. Direkt vom Weihnachtsmann«, antwortete Julius.

»Nun mach schon auf, Kleine!« Mein ältester Bruder Paul knuffte mich in die Seite und guckte so, als ob er mir den Umschlag am liebsten aus der Hand reißen würde.

Weil ich es als Jüngste in der Familie nicht immer leicht habe und oft von meinen Brüdern geärgert werde, nutze ich jede Gelegenheit, sie zurück zu ärgern und mich für ihre kleinen Gemeinheiten zu rächen. Also machte ich den Umschlag nicht gleich auf. Ich drehte und wendete ihn zwischen meinen Fingern und bewunderte in aller Seelenruhe das Bild, mit dem Mama den Umschlag verziert hatte.

»Los jetzt!«, meckerte Julius.

»Mach auf!«, meckerte Jannik.

»Macht hoch die Tür, die Tor macht weit!«, begann ich zu singen und wedelte mit dem verschlossenen Umschlag in der Luft herum. Ich habe bis heute nicht verstanden, was der Text eigentlich bedeutet, aber wir singen dieses Lied in unserer Familie, solange ich Weihnachten kenne. Und dieses Jahr war schon mein neuntes Fest. Wäre ich ein paar Wochen früher zur Welt gekommen, wäre es sogar mein zehntes Fest.

»Du kannst so fies sein, Pippa.« Julius schüttelte den Kopf.

Und ich sang weiter.

Nachdem ich das Lied mit allen Strophen zu Ende gesungen hatte, beschloss ich, dass meine Brüder genug gelitten hätten. Ich schob meinen Finger unter die eine Ecke des Umschlags und knispelte die Klappe vorsichtig auf. In Zeitlupe zog ich die Karte heraus, auf deren Vorderseite Mama stapelweise Bücher gemalt hatte. Alle Augen waren auf mich gerichtet, als ich die Karte aufklappte und vorlas:

Sturmfreier Buchladen.
Am vorletzten Tag im alten Jahr.
Von acht Uhr bis Mitternacht.

Im Umschlag steckten noch Gutscheine im Wert von je fünfzig Euro. Sechs Stück. Für jeden einen.

»Hä? Nachts im Buchladen? Nach acht?« Paul kapierte genauso wenig wie wir anderen Kinder.

»Das ist ja das Schöne!«, antwortete Mama. »Sandra lässt uns in dem Laden alleine, und wir können stöbern und uns neuen Lesestoff aussuchen.«

»Coole Sache das!«, nickte Jannik, und Julius reckte den Daumen hoch. »Kann man sich drauf einlassen«, meinte Paul und fing an, eine Wunschliste zu schreiben.

Und ich? Ich freute mir die Locken kringelig! Neben Backen, Fahrradfahren und Geschichten aufschreiben, gehört Lesen nämlich zu meinen Lieblingsbeschäftigungen.

Nach dieser Überraschung packten wir die anderen Geschenke aus. Auch Oma Dotti, die Oma, die ich adoptiert hatte, hatte Päckchen vorbeigebracht. Dicke selbstgestrickte Wollsocken für jeden. Nach dem Auspacken roch es im Wohnzimmer wie auf einer Schafsweide. Mama meinte, das käme von der naturbelassenen Wolle. Die würde die Füße besonders warm halten. Mir hatte Oma Dotti außerdem noch ein leeres rotweiß gepunktetes Buch geschenkt. Das war mein drittes. Die ersten beiden hatte ich schon vollgeschrieben. Das war eine heimliche Abmachung zwischen Oma Dotti und mir. An dem Tag, an dem sie mir Emilia geschenkt hatte, hatte sie mir auch das erste Buch geschenkt und gesagt, ich soll alles aufschreiben, was ich zusammen mit Emilia erleben würde.

Und das habe ich gemacht. Im ersten Buch habe ich aufgeschrieben, wie Emilia und ihre Katze Zimtundzucker zu mir kamen und was danach alles Aufregendes passierte. Zum Beispiel, dass die kleine Katze entführt wurde und wie wir den Fall schließlich gelöst haben. Damit war das erste Buch vollgeschrieben.

Im zweiten habe ich geschrieben, dass es zwischen Inga, einem Mädchen aus meiner Klasse, und mir Krach gab, und dass der in einer Käsekuchenschlacht endete.

Und jetzt lag das dritte Buch vor mir. Leer. Mit welchem Abenteuer ich dieses Buch füllen würde, wusste ich noch nicht.

Aber nun erst mal der Reihe nach:

Oma Dotti ist nicht meine echte Oma. Ich nenne sie nur so, weil ich sie genauso lieb habe wie meine richtigen Omas. Außerdem ist Oma Dotti auch längst alt genug, um eine Oma sein zu können. Nämlich 81 Jahre alt. Genau genommen könnte sie auch Uroma sein.

Ich habe Oma Dotti bei einem Malkurs kennengelernt, den meine Mutter im Altersheim gegeben hat. Ich mochte sie gleich, und sie mochte mich. Als der Kurs zu Ende war, hat sie mir eine Puppe mit dem Namen Emilia geschenkt. Erst später zu Hause habe ich gemerkt, dass sie gar keine Puppe ist, sondern eine lebendige Elfe. Und in dem Koffer, den sie mitgebracht hatte, war eine reinrassige Elfenkatze. Aber das ist noch immer ein Geheimnis. Nur Oma Dotti und ich wissen davon. Alle anderen denken, sie wäre eine Puppe.

Emilia ist schon 741 Jahre alt. Behauptet sie zumindest. Man weiß allerdings nie so genau, ob es stimmt, was Emilia erzählt. Sie schummelt manchmal. Das kann sie richtig gut. So gut, dass ich ihr meistens glaube. Was sie noch gut kann, ist, sich in eine Puppe zu verwandeln. Immer dann, wenn jemand kommt, der ihr Elfengeheimnis nicht kennt. Seit sie bei mir lebt, stellt sie mein Leben ganz schön auf den Kopf. Manchmal zwingt sie mich dazu, Dinge zu tun, die ich mich ohne sie niemals trauen würde. Und das ist kein Geheimnis.

Das merkten auch Jannik und Julius, die Zwillinge. Sie beschwerten sich sogar bei Mama und Papa, dass ich mich neuerdings nicht mehr so leicht ärgern lasse. Jannik und Julius sind elf Jahre alt und sehen sich zum Verwechseln ähnlich. Deshalb nennen wir sie auch die Jottjotts. Wir hätten sie auch die Eieis nennen können, weil sie einander gleichen wie ein Ei dem anderen. Aber Mama war dagegen, weil sie den beiden einen so peinlichen Namen ersparen wollte.

Paul, von uns auch Pillepalle gerufen, ist dreizehn und mittendrin in der Pubertät. Das ist die Zeit, in der man nicht mehr klein und noch nicht groß ist. Ich sage Pickeltät dazu, weil er in dieser komischen Zeit das Gesicht voller Pickel hat. Das ist nicht schön, gerade weil er neuerdings auch Mädchen interessant findet und nicht nur Autos und Motoren.

Papa heißt Fredo und ist Lehrer von Beruf. Das ist nicht so schlimm, wie man als Kind vielleicht denkt. Er ist an einer anderen Schule als wir Kinder, und er gibt uns auch keine Nachhilfestunden, wenn wir etwas nicht verstehen. Bei uns müssen sich die Kinder gegenseitig Nachhilfestunden geben. Paul hilft denn Jottjotts. Und die Jottjotts helfen mir. Ich muss niemandem helfen, weil ich die Jüngste bin. Das ist einer der wenigen Vorteile, die ich habe.

Mama heißt Lissy und ist Kunstmalerin. Sie hat ein eigenes Atelier im Garten, wo sie ihre Bilder malt. Manchmal gibt sie eben auch Malkurse. Zum Glück macht sie das. Denn sonst hätte ich Oma Dotti niemals kennengelernt. Sandra, die Buchladenbesitzerin, hat Mama einmal angerufen und gefragt, ob sie vielleicht eine Ausstellung ihrer Bilder im Laden machen möchte. Dabei wurden sie zu Freundinnen. Das war sehr praktisch, denn so kamen wir alle zu unserem ganz besonderen Weihnachtsgeschenk.

Zwei

Alles echte wache Wirklichkeit

Am vorletzten Tag im Jahr, abends um kurz vor acht, stellten wir unseren Wagen auf dem Parkplatz am Anfang der Fußgängerzone ab. Ich setzte Emilia eine Mütze auf und band ihr den Schal um. Obwohl ich wusste, dass sie das nicht mochte.

»Elfen frieren nicht«, hatte sie behauptet, als ich ihr zu Weihnachten die Anziehsachen geschenkt hatte. Aber jetzt, wo meine Familie dabei war, konnte sie nicht mit mir schimpfen, sondern musste so tun, als wäre sie eine Puppe. Nur ich bemerkte das wütende Funkeln in ihren Augen, als ich sie warm einpackte.

Es musste aber sein. Denn eine gesunde Elfe ist schon anstrengend genug. Ich mochte mir gar nicht ausdenken, wie Emilia sich benehmen würde, wenn sie mit Husten und Schnupfen im Bett liegen würde.

Als ich sie so dick eingemummelt auf den Arm nahm, kam ich mir ein bisschen vor wie Mama. Sie ließ uns im Winter auch nie ohne Mütze und Schal aus dem Haus gehen.

Krk, krk, krk.

Die Jottjotts hatten ihre neuen Winterstiefel angezogen und liefen voraus. Schon vor Stunden hatte es wieder angefangen zu schneien. Dicke Flocken schwebten lautlos vom Himmel und ließen die Schneedecke auf der Straße immer höher werden.

Krkkk, krkkk, krkkk.

Ich hüpfte von einem Fußabdruck zum nächsten. Einmal in den rechten von Jannik und einmal in den linken von Julius. Immer abwechselnd. Bis wir endlich vor dem Buchladen standen.

Bücher, Bücher. Und mehr

stand auf der Leuchttafel über dem Eingang.

Die Lichterkette im Verkaufsraum war eingeschaltet, beide Schaufenster waren noch festlich dekoriert. Große rote und grüne Papiersterne strahlten gegen das helle Licht der Straßenlaternen an. Außer uns war niemand unterwegs. Aus vielen Fenstern im ersten und zweiten Stock der Häuser in der kleinen Fußgängerzone flackerte bläuliches Licht.

»Die Leute hängen voll vor der Glotze ab, Mann«, meinte der eine Jott.

»Ja, voll krass«, gab ihm der andere recht und schnappte mit offenem Mund nach ein paar Schneeflocken.

»Aber wir haben die Liveshow!«, rief der Erste. »Wir machen Büchercasting!«

Papa wollte gerade etwas sagen, als ihn Mama mit hochgezogenen Augenbrauen streng anschaute. »Mach jetzt nicht den Fehler und schlag ihnen vor, sich ein gutes Grammatikbuch auszusuchen. Das geht schief.«

Papa klappte den Mund wieder zu, ohne etwas gesagt zu haben.

Dann drehte sich Mama zu Jannik und Julius um. »Und ihr gebt mal nicht so an wie eine Tüte Mücken. Wenn wir nicht hier wären, würdet ihr spätestens Viertel nach acht auch vor der Glotze hängen.«

Die Jottjotts sagten nichts mehr. Es war ihnen peinlich, weil Mama recht hatte. Ich gab mir alle Mühe, nicht zu grinsen. Sonst hätte ich mir vielleicht eine Kopfnuss eingefangen. Kopfnüsse, muss man wissen, sind das beliebteste Obst in unserer Familie.

Sandra kam aus dem hinteren Teil des Ladens angelaufen. Sie schloss die Tür auf und ließ uns herein.

»Frohe Weihnachten und herzlich willkommen!« Sie schüttelte jedem von uns die Hand und führte uns dann vom vorderen großen Raum in einen kleineren, weiter hinten gelegenen. Darin waren zwei alte Ohrensessel, ein Schaukelstuhl und ein rotes Oma-Sofa. Auf dem Tisch in der Mitte stand ein großer Teller mit Keksen, eine Karaffe mit Fruchtpunsch und eine mit Rhabarbersaftschorle. Über den halbhohen Bücherregalen hingen die Bilder von Mama, die noch nicht verkauft worden waren.

»Fühlt euch wie zu Hause«, sagte Sandra und deutete auf Sessel und Sofa. Das machte ich. Es war ja fast wie zu Hause. Mamas Bilder hingen hier. Nachdem uns Sandra eine Musik-CD eingelegt hatte, zog sie ihre dicke Daunenjacke an.

»Na denn. Viel Spaß euch allen beim Stöbern. Wenn irgendwas ist, ruft mich an. Ansonsten bin ich um Mitternacht wieder da.«

Sie schloss die Ladentür von innen zu und ging durch den Hinterausgang nach draußen.

Jetzt waren wir ganz allein. Der Laden gehörte für die nächsten vier Stunden uns.

Ich schaute mich um. Pillepalle saß auf dem Boden vor einem Regal mit Fotobüchern. Die Jottjotts standen auf der anderen Seite bei den Büchern ab 12 Jahren. Papa stand vor einem Tisch mit Krimis. Und Mama stand neben mir.

»Ich suche noch ein Geschenk für Oma Dotti. Fällt dir etwas ein, das ihr Freude machen könnte, Pippa?«

Ich überlegte.

Wir hatten Oma Dotti für Heiligabend zu uns eingeladen, doch sie wollte lieber mit Herrn

Siebenborn feiern. Die beiden hatten sich bei uns kennengelernt und waren seither miteinander befreundet. Na ja, sogar ein bisschen mehr als befreundet. Ich glaube, sie sind sogar ineinander verliebt. Ich dachte, das geht nicht mehr bei alten Leuten. Aber Mama sagt, man kann sich immer verlieben. Egal, wie alt man ist.

»Wie wäre es mit einem Liebesroman?«, schlug ich deshalb vor.

Mama kicherte. »Ich glaube, Oma Dotti und Börni schreiben sich gerade ihren eigenen Liebesroman, die beiden Turteltäubchen.«

»Stimmt«, giggelte ich mit. »Dann vielleicht ein Buch über Tiere?«

Die Idee fand Mama nicht so gut. Ich dachte weiter nach. Mir fielen die Schafwollsocken wieder ein.

»Wie wäre es mit einem Buch über Stricken?«

»Sie kann doch stricken. Außerdem habe ich gesehen, dass sie jede Menge Bücher zum Thema Stricken und Häkeln hat.«

Ältere Menschen zu beschenken ist echt nicht einfach. Entweder sagen sie, dass sie alles haben, was sie brauchen. Oder sie können schon alles.

Dann hatte ich den zündenden Einfall.

»Island! Wir schenken ihr ein Buch über Island!«, rief ich. »Da kommt sie doch her. Und sie war so lange nicht mehr da. Vielleicht hat sie manchmal Heimweh.«

Mama guckte ein bisschen komisch, ließ sich dann aber doch überzeugen.

Warum sie so komisch guckte, verstand ich erst ein paar Tage später.

Wir suchten in einem Regal, über dem stand »Die Welt entdecken« und fanden einen großen Bildband, der gerade erst erschienen war. Damit konnten wir ziemlich sicher sein, dass sie das Buch noch nicht hatte.

Danach suchte sich Mama ihre Bücher aus und ich meine. Ich verzog mich aufs Sofa und begann zu lesen. Irgendwann wurden meine Augenlider schwer wie Blei …

Doing. DOING. DOINGGGG!

Mit den letzten drei der zwölf Glockenschläge der Kirchturmuhr schlug ich meine Augen wieder auf.

»Schau mal!«, rief der eine Jott. »Unsere Kleine ist aufgewacht!«

»Pünktlich zur Geisterstunde!«, grinste der andere Jott.

»Huhuhu!«, riefen beide und wedelten mit den Händen in der Luft herum.

Papa saß in einem der Sessel, las und knabberte Kekse. Dann klappte er sein Buch zu. »Lasst eure Schwester in Ruhe. Sonst werde ich zum Geist. Und zwar zu einem bösen Geist«, schimpfte er.

Mama streichelte mir übers Haar. Mein Kopf war auf ihren Schoß gerutscht und Emilias Kopf auf meinen. Ich setzte mich auf und zog meinen Zeigefinger aus dem Buch. Den hatte ich, bevor ich eingeschlafen war, zwischen Seite 24 und 25 eines Märchenbuchs eingeklemmt. Jetzt war er eingeschlafen.

Ich hatte noch den Schleier vor den Augen, der zwischen Schlaf und Wachsein hängt.

Ich hatte geträumt, dass das Haus, in dem der Buchladen untergebracht war, von Schneemännern hochgehoben und auf einen großen Teppich gesetzt worden war. Darauf war das Haus in ein fremdes Land geflogen. Es war sehr, sehr kalt dort, aber weil jeder von uns in einem selbstgestrickten Schafwollsocken steckte, der von

BÜCHER
1821

den Füßen bis zum Hals und zu den Händen reichte, hatten wir nicht gefroren. In unseren Ganzkörpersocken waren wir von unserem Landeplatz aus in ein Dorf gehüpft. In der Mitte des Dorfs hatte eine Uhr gestanden, die so hoch war wie ein Haus. Die Uhr hatte genauso ausgesehen wie die Standuhr in *Der Wolf und die sieben Geißlein*. Als die Uhr zwölf schlug, war nicht ein Geißlein, sondern viele kleine Elfen herausgesprungen. Sie waren auf mich zugelaufen und hatten mehr geflüstert als gesungen: »Wir müssen dir ein Geheimnis verraten!« Eine der Elfen war an meinem Socken hochgeklettert bis zu meinem Ohr. Und sie hatte gesagt: »Was ich dir jetzt erzähle, darfst du niemandem verraten. Versprichst du das?« Ich hatte genickt, und gerade als sie anfangen wollte, war ich aufgewacht.

Ich rieb mir die Augen, um schneller vom Schlafland ins Wachland zu kommen.

»Ihr Blödmänner, ihr blöden!«, rief ich den Jottjotts zu. »Ihr seid Traumräuber! Jetzt weiß ich nicht, was mir die Elfe erzählen wollte!«

Mama strich mir eine Locke aus dem Gesicht. »Ärgere dich nicht. Die Jottjotts sind unschuldig. Du bist von alleine aufgewacht«, sagte sie zartleise. »Du kannst morgen weiterlesen und erfahren, was die Elfe gesagt hat.«

»Kann ich nicht!«, murrte ich. »Das war keine Geschichte aus einem Buch. Das war echt!«

Dass Mama daraufhin nur mild lächelte, machte mich nur ärgerlicher.

»Du nimmst mich nicht ernst!«, schmollte ich. »In meinem Traum war alles echte, wirkliche Wachheit, äh, ich meine, echte wache Wirklichkeit.«

Ärgerlich darüber, dass ich nicht die richtigen Worte fand, schob ich Mamas Hand zur Seite und hüpfte vom Sofa.

»Du hast recht«, gab Mama nach. »Man sollte seinen Träumen Glauben schenken. Besonders, wenn es schöne Träume sind.«

»Wer hat hier schöne Träume? Außer mir natürlich!«, hörte ich Sandras Stimme, und kurz darauf kam auch der Rest von Sandra ins Zimmer.

»Tut mir leid, ich bin ein wenig zu spät. Ich bin zu Hause auf dem Sofa eingeschlafen.« Sie ließ sich neben mich auf das Sofa fallen und zog den Reißverschluss ihrer Daunenjacke auf.

»Puh, jetzt hab ich mich aber beeilt«, schnaufte sie und schaute uns an. »Sieht so aus, als hättet ihr mich nicht vermisst.«

»Nein«, rief Jott, und der andere Jott gab ihm recht.

»Wir hätten noch die ganze Nacht hierbleiben können.«

»Ja, ja. Die ganze Nacht«, grinste Pillepalle und gab beiden eine Kopfnuss. »Ihr meint wohl, ihr hättet hier die ganze Nacht weiterschlafen können.«

Jetzt kapierte ich. »Aahhh, nee oder?! Ihr habt also auch geschlafen?«

Die Jottjotts schauten bedröppelt zu Boden.

»Klar haben sie«, meinte Pillepalle. »Sie sind eine Minute vor dir aufgewacht.«

»Keinen Streit, bitte!«, versuchte uns Papa zu beschwichtigen. »Das verdirbt nur die gute Laune.«

Mit unserem neuen Lesestoff gingen wir zur Kasse, damit Sandra die Preise zusammenrechnen konnte. Wenig später verließen wir, mit Tüten bepackt, die gemütliche Buchhandlung. In den letzten Stunden hatte es unaufhörlich geschneit. Die Schneedecke war auf das Doppelte angewachsen.

Krk-schlps, Krk-schlps, Krk-schlps.

Unsere Füße schoben uns müde zum Parkplatz.

Drei

Fünf Millionarden, unzähligsieben Millionen Schneeflocken

Ich öffnete ein Auge, und mein Wecker lächelte mich freundlich an. Es war zehn nach zehn.

Was? So spät schon?

Ich rappelte mich hoch und öffnete mein anderes Auge. Ich sah Emilia auf der Fensterbank stehen. Sie schaute nach draußen und murmelte dabei so leise, dass ich sie nicht verstehen konnte.

»Guten Morgen, Emilia«, sagte ich schlaftrunken. »Ich habe gar nicht mitgekriegt, dass du schon aufgestanden bist.«

»Ich bin schon seit Stunden wach«, entgegnete sie, ohne sich zu mir umzudrehen. »Aus lauter Langeweile habe ich alle Schneeflocken gezählt, die vom Himmel gefallen sind. Es sind genau fünf Millionarden, unzähligsieben Millionen, siebenhundertfünfundweißnichtmehr Taucher …«

»Tausend«, sagte ich. »Es heißt Tausend. Und nicht Taucher.«

»Genau das meinte ich ja«, antwortete sie und winkte ab. »Tauben. Siebenhundertfünfundweißnichtmehr Tauben. Und dreiundvierzig Hunde.«

»Hundert«, sagte ich. »Es heißt Hundert. Und nicht Hunde.«

»Ach, egal«, winkte Emilia ab. »Matheritik ist mir halt nicht so wichtig.«

»Mathematik. Es heißt Mathematik. Und nicht Matheritik«, seufzte ich, schwang mich aus dem Bett und tappte Richtung Fenster. Plötzlich trat ich mit dem nackten Fuß in eine Pfütze.

»Bäh! Igitt!«, rief ich erschrocken und zog meinen Fuß zurück. Ich ahnte, um welche Art von Flüssigkeit es sich handelte. Kein Wasser jedenfalls.

»Wo ist Zimtundzucker?«, fragte ich Emilia.

»Jetzt ist sie im Koffer«, antwortete Emilia knapp.

»Und wo war sie, bevor sie da rein gegangen ist?«

»Spazieren.«

»Wo genau?«

»Auf und ab. Und auf und ab.«

Mir platzte der Kragen.

»Emilia, muss ich dir jedes Wort aus der Nase ziehen? Hat sie mitten in mein Zimmer gepinkelt oder nicht?«

»Hat sie.«

Ich stöhnte, nahm ein Papiertaschentuch und wischte die Pfütze auf.

»Schweinerei. So eine Schweinerei«, brummte ich und warf das nasse Taschentuch in den Mülleimer.

»Katzerei«, korrigierte mich Emilia. »Zimtundzucker ist eine Katze und kein Schwein.«

Ich verkniff es mir zu sagen, dass Zimtundzucker doch ein Schweinchen war. Ein Meerschweinchen, um genau zu sein. Größer war Emilias reinrassige Elfenkatze nämlich nicht.

»Ich wasch mir mal die Hände und putze meine Zähne«, sagte ich stattdessen. Ich wollte gerade aus dem Zimmer gehen, als Emilia anfing zu schimpfen: »Ja, geh nur! Lass mich ruhig allein! Du hast sowieso nie Zeit für mich!«

Ich fuhr herum. »Was ist denn jetzt schon wieder los?!«, fragte ich entnervt.

»Gestern Abend hast du dir Bücher ausgesucht und hast mir nichts daraus vorgelesen. Als wir nach Hause kamen, bist du ins Bett gegangen, ohne mir gute Nacht zu sagen. Heute Morgen wachst du auf und hast nichts Besseres zu tun, als gleich wieder wegzugehen.«

Endlich drehte sie sich zu mir um und sah mich mit großen traurigen Augen an. »Bestimmt magst du mich nicht mehr. Ich bin dir egal. Ach was«, seufzte sie. »Ich bin dir egaler als egal.«

Dann begann sie zu schluchzen.

»Und das Buch für Oma Dotti durfte ich auch nicht mit aussuchen. Ich durfte noch nicht mal die Bilder anschauen! Du bist so gemein!«

Schnell lief ich zu ihr und nahm sie in die Arme.

»Aber so war das doch alles nicht gemeint«, sagte ich und drückte sie fest an mich. »Du bist und bleibst meine beste kleinste Freundin. Und das Oma-Dotti-Buch können wir gleich zusammen anschauen.«

Tränen tropften aus ihren Augen und machten mein Nachthemd nass.

»Jetzt gleich«, nölte sie. »Jetzt gleich anschauen. Ohne Hände putzen und Zähne waschen.«

Ich drückte ein Lachen weg und sagte: »Komm einfach mit ins Bad, und dann holen wir das Buch aus dem Wohnzimmer. Einverstanden?«

»Einverstanden.« Sie nickte und wischte mit ihrer Rotznase über meinen Ärmel.

Es war schon halb elf, als ich mit Emilia auf meinen Schultern hinaus auf den Flur und rüber ins Bad ging. Ich wollte unter die Dusche gehen, aber Emilia erinnerte mich daran, dass unsere Abmachung nur für Hände und Zähne galt.

»Du nimmst es aber genau«, murrte ich, nahm die Seife und drehte den Wasserhahn auf. Emilia hüpfte währenddessen von meinen Schultern auf das Waschbecken und kletterte dann auf die Ablage neben dem Spiegel. »Beeil dich«, rief sie. »Sonst fallen im Buch noch alle Buchstaben durcheinander, und die Bilder springen raus.«

Ich strich mir Zahnpasta auf die Bürste und fing an zu schrubben.

»Dasch würd nüscht paschüren. Buhschtaben bleiben ümmer, wo man schü hüngeschrübn hat. Und schei nüscht so ungeduldisch.«

Emilia schaute auf die Sanduhr, die ich gerade umgedreht hatte. Mit schief gelegtem Kopf beobachtete sie, wie der blau gefärbte Sand aus der oberen Hälfte durch den schmalen Hals in die untere Hälfte rieselte. Dann drehte sie kurzerhand die Uhr um, und die wenigen Körnchen rieselten zurück. »Fertig geputzt!«, rief sie fröhlich und streckte ihre Arme nach mir aus. Das bedeutete, dass ich sie auf den Arm nehmen sollte.

»Nein«, sagte ich streng. »Mindestens zwei Minuten Zähneputzen. Sonst krieg ich Ärger mit meiner Zahnärztin. Die merkt das.«

Emilia blieb stumm. Toll! Ich hatte mich durchgesetzt.

»Na, auch schon munter?«, hörte ich Pillepalle sagen. Er stellte sich neben mich an das zweite Waschbecken.

»Ach, wie schade«, brummelte ich und bewegte die Zahnbürste vom Ober- zum Unterkiefer. Jetzt wusste ich, warum Emilia nichts mehr gesagt hatte. Sie hatte gehört, dass mein Bruder im Anmarsch war. Nur deshalb war sie stumm geblieben und hatte sich steif gemacht.

»Was ist schade?«, fragte Pillepalle, während er in den Spiegel schaute und sich einen Pickel ausdrückte.

»Nix.« Ich spuckte aus, spülte mir den Mund und nahm Emilia von der Ablage. Als ich die Badezimmertür von außen zumachen wollte, rief mir Pillepalle hinterher: »Für mich ein wachsweiches Frühstücksei, ein Brötchen mit Butter, eine Schale Müsli und ein Glas frisch gepressten Orangensaft. Bitteschön!«

»Eine knüppelharte Kopfnuss, eine Schale Ärger und eine Dusche mit Eiswasser«, blaffte ich ihn an. »Das kannst du haben. Bitteschön!«

Mein großer Bruder sollte sich sein Frühstück gefälligst selber machen. Ich war es leid, immer nur die kleine Schwester zu sein. Die Kleine, der man sagen konnte, was sie zu tun hatte.

Wütend polterte ich die Treppe hinunter. Emilia grinste. »Gut gemacht«, flüsterte sie mir ins Ohr. »Setz dich durch. Damit du groß und stark wirst. So wie ich.«

Von wegen groß. Emilia maß gerade einmal dreißig Zentimeter. In der Höhe, meine ich. In der Breite habe ich sie noch nicht gemessen. Aber stark, das war sie. Willensstark vor allem.

Unten angekommen, zog ich meinen Mantel und meine Gummistiefel an und öffnete die Haustür, um rüber ins Mama-Papa-Haus zu gehen.

Es ist nämlich so, dass wir Kinder in einem Kinderhaus wohnen, das an das große Haus angrenzt, in dem Papa und Mama wohnen. Im großen Haus sind auch die Küche und das Wohnzimmer. Um von einem ins andere Haus zu kommen, muss man über den Hof gehen. Bisher fanden wir Kinder es toll, ein Haus für uns zu haben. Aber jetzt, im ersten Winter in unserem neuen Zuhause, war es nicht mehr ganz so toll. Vor allem nicht, wenn man im Schneesturm über den Hof musste.

Vier

Feuerberge, Aschemonster und Weihnachtskerle

Ich ließ Emilia unter meinen Mantel schlüpfen. Nur ihr Kopf schaute oben raus. Sie hielt sich an mir fest, und ich sprintete los. Ich musste die Augen zusammenkneifen, um sie vor den stürmischen Schneeflocken zu schützen.

»Ja! Ja!«, jauchzte Emilia. »Nur noch ein paar Mal hin- und herlaufen, und wir sind richtige Schneemädchen! Juhu!«

Ich staunte. »Ich wusste gar nicht, dass du Schnee so gern magst.«

Ich öffnete die Haustür und ging hinein. Im Flur schüttelte ich meine Haare aus und hing den Mantel an die Garderobe.

»Als Schnee ist Wasser am schönsten«, sagte Emilia und schaute auf meinen Mantel, der schon anfing zu tropfen.

Im Wohnzimmer fanden wir Mama und Papa. Sie lagen auf dem Sofa und lasen.

»Darf ich mir mal das Buch ausleihen, das wir Oma Dotti schenken wollen?«, fragte ich.

»Klar«, sagte Mama. »Aber pass bitte auf und mach keine Flecken auf die Seiten.«

»Hatte ich nicht vor«, gab ich mürrisch zurück.

Papa schaute von seinem Buch auf. »Ich hab auch schon drin geblättert. Das muss ein wirklich schönes Land sein«, sagte er und lächelte Mama verschmitzt an.

Ich holte eine Plastiktüte aus der Küche, um das Buch schneesicher einzupacken.

»Wollen wir nicht erst zusammen frühstücken?«, fragte Papa. »Deine Brüder kommen sicher auch gleich.«

»Keinen Hunger«, log ich. Ich konnte schließlich unmöglich erzählen, dass es Emilia war, die drängelte. Heimlich steckte ich einen Beutel Vanillekipferl und ein paar Mandarinen in die Tüte und verschwand.

Auf dem Hof begegneten mir die Jottjotts und Pillepalle. Ich war froh, dass sie zum Frühstücken gingen. So konnte ich mit Emilia eine Weile ungestört sein.

Zurück in meinem Zimmer, sprang sie auch gleich von meinem Arm und hüpfte auf mein Bett. »Lass uns schnell nachsehen, ob noch alle Buchstaben auf ihren Plätzen sind! Und ob kein Bild rausgeplumpst ist!«

Ich zog das Buch vorsichtig aus der schneenassen Tüte, legte es neben Emilia und setzte mich im Schneidersitz davor. Das Buch war riesig. Fast so groß wie Emilia.

Ich klappte es auf und blätterte. Gleich beim ersten Foto sprang Emilia aufgeregt hoch. »Die kenn ich! Das ist die Katla!«

Ich verstand nicht. »Was redest du denn? Das ist ein Vulkan. Hier steht es.« Ich deutete auf die Bildunterschrift. Und weil Emilia selbst nicht lesen konnte, wollte ich ihr vorlesen.

Sie unterbrach mich. »Früher war das nur ein Gletscher. Eines Tages hat sich die garstige Katla, weil sie sich beim Zaubern vertan hatte, in eine Gletscherspalte gestürzt. Und weil sie so unglaublich böse war, hat der Berg husten und spuken müssen. Richtige Lava kam da raus. Seither ist es auch ein Feuerberg und heißt genauso wie die, die ganz unten im Berg wohnt«, gab mir Emilia mit funkelnden Augen zu verstehen.

»So, so«, sagte ich und blätterte weiter. Ich nahm an, dass Emilia vor Aufregung ein paar Dinge durcheinanderbrachte.

»Schau nur!«, rief sie und deutete auf das Bild, auf dem sich zwei Regenbögen über einem Dorf bogen. »Zwillinge! Wie die Jottjotts!«

Das stimmte sogar.

»Es gibt auch Regenbogenfamilien«, schnatterte sie weiter. »Und Nebelbogen und Taubogen und Eisbogen. Die sind aber sehr selten und kosten unheimlich viel Geld.«

»Die kosten Geld?«, fragte ich misstrauisch.

»Klar!«, antwortete Emilia. »Man kann auch Zehnerkarten kaufen. Da muss man nur neun bezahlen, kriegt aber zehn.«

»Und wo kauft man diese Karten?« Mit dieser Frage wollte ich Emilia auf die Probe stellen.

»Die kannst du überall kaufen, wo es Lebensmittel gibt«, gab sie mit ernster Miene zurück. »Und auch bei den Wasserwerken, beim Bademeister und beim Bürgermeister.«

Ich beschloss, nicht nachzubohren. Wenn Emilia merken würde, dass ich ihr nicht glaubte, würde sie bloß ärgerlich werden. Ich blätterte weiter.

»Oh, oh!«, rief Emilia, als sie das Foto von einem Wasserfall sah. »Sehr windig da oben. Und sehr gefährlich.« Sie schaute mich an und legte ihre Stirn in Falten.

»Na, erzähl schon«, drängte ich.

Obwohl ich ihr selbstverständlich kein Wort glaubte, gefielen mir ihre Geschichten.

»In meiner Heimat gibt es nicht nur einen Wind«, holte sie aus. »Es gibt viele. Geradeauswinde, Kreiswinde, Querwinde, Längswinde. An manchen Tagen kommen alle zusammen und streiten sich darüber, wer der Stärkste ist. Und wehe dem, der mitten in einem solchen Windwettstreit steht. Der wird durch die Luft gewirbelt, dass ihm Hören und Sehen vergeht.«

Bedauernd schüttelte sie den Kopf. »Viele dieser unschuldigen Kreaturen hat man nie wiedergefunden. Vielleicht wurden sie vom großen schwarzen Aschemonster verschluckt, wer weiß?!«

Jetzt gruselte es mich doch.

Ich fasste in die Tüte und holte die Mandarinen und den Beutel mit den Vanillekipferln heraus. Nachdem ich die erste Mandarine geschält hatte, erfüllte ihr Geruch den ganzen Raum.

Ich nahm einen tiefen Atemzug. »So riecht Weihnachten.« Ich spürte, wie der Duft das gruselige Gefühl in meinem Bauch vertrieb. Dann steckte ich mir eins der Kipferl in den Mund. »Und so schmeckt Weihnachten.« Ich ließ das bröselige Gebäck langsam auf meiner Zunge zergehen.

»Wenn du schon davon sprichst«, sagte Emilia und sprang auf. »Weihnachten bei euch ist stinklangweilig!« Sie lief über die Bettdecke und kletterte die kleine Leiter hinauf, von der aus sie bequem alleine vom Bett auf den Schreibtisch klettern konnte. Sie setzte sich auf die Tischkante und ließ die Beine baumeln. »Ihr habt nur einen Weihnachtsmann. Nur einen einzigen!«, rief Emilia mit erhobenem Zeigefinger.

Ich zuckte mit den Schultern. »Na und? Es gibt eben nur einen Weihnachtsmann.«

»Und der kommt erst am 24. Dezember. Und zwar immer dann, wenn gerade keiner im Zimmer ist. Stimmt doch, oder?«

Ich hatte keine Ahnung, worauf Emilia hinauswollte.

»Ziemlich geizig, findest du nicht?!«, sagte sie. »Bei uns gibt es dreizehn Weihnachtskerle!«

Aha. Wieder so eine von Emilias Schummelgeschichten, dachte ich. »Dann erzähl mal«, sagte ich und lehnte mich zurück.

»Der erste Kerl kommt am 12. Dezember«, sagte sie. »Der klaut Milch aus dem Schafstall. Am nächsten Tag kommt einer, der in den Kuhstall geht und von der Milch nascht. Dann kommt einer, der die angebrannten Reste aus den Kochtöpfen holt, dann einer, der die Kochlöffel ableckt, einer, der die Töpfe auskratzt, einer, der die Türen zuschlägt, einer der durch die Fenster glotzt, einer, der durch Türschlitze schnüffelt, einer der Kerzen klaut, einer …«

»Ist das ein Märchen?«, unterbrach ich Emilia.

»Nein, wo denkst du hin!«, rief sie. »Das ist die Wahrheit! So wahr ich eine Elfe bin.« Sie drehte mir den Rücken zu und schaute aus dem Fenster.

»Bist du beleidigt?«, fragte ich vorsichtig.

»Nein.«

»Wirklich nicht?«

»Nein.«

»Wollen wir weiter im Buch lesen und Bilder anschauen?«

»Nein.«

»Kannst du auch mal Ja sagen?«

»Nein.«

Mehr Fragen konnte ich Emilia nicht stellen. Meine Brüder kamen vom Frühstück zurück und polterten die Treppe hoch. Als es an meine Tür klopfte, verwandelte sich Emilia sofort in eine Puppe. Pillepalle streckte den Kopf herein. »Papa hat gesagt, wir sollen das Spielzimmer ausmisten und putzen.«

Auch das noch. Ich stöhnte. »Muss das sein?«

»Jepp. Muss sein. Weihnachten ist rum. Der graue Alltag kehrt zurück«, zwinkerte mir Pillepalle zu.

Unwillig schob ich mich vom Bett. »Das ist

nicht lustig«, brummte ich und warf einen letzten Blick auf Emilia, die noch immer bewegungslos am Fenster stand. Mir war nicht wohl bei dem Gedanken, sie allein zurückzulassen.

Wir brauchten den ganzen Nachmittag, um das Spielzimmer auszumisten. Alte Spielsachen, die wir nicht mehr benutzten, mussten in Kisten gepackt und in die Scheune getragen werden.

»Sonst haben die neuen Spielsachen, die ihr zu Weihnachten bekommen habt, überhaupt keinen Platz«, versuchte uns Papa die Sache schönzureden.

»Im Sommer machen wir einen Garagenflohmarkt«, sagte Mama und hob eine der großen Kisten hoch. »Alles, was ihr bis dahin nicht vermisst habt, wird verkauft.«

»Kaum hat man ein klein wenig Besitz angehäuft, muss man ihn schon wieder abgeben«, maulte der eine Jott.

»Außerdem ist Kinderarbeit verboten«, raunte der andere Jott.

Ich hörte gar nicht zu, was sie sonst noch zu meckern hatten. Ich war mit meinen Gedanken woanders. Sollte ich Emilia glauben oder nicht?

Was war, wenn es doch stimmte, was sie über ihre Heimat erzählte?

Am Abend fiel ich todmüde ins Bett. Ohne ein Wort zu sagen, kuschelte sich Emilia an mich.

»Bist du mir noch böse?«, flüsterte ich.

»Nein«, sagte Emilia.

Aber es war kein normales Nein. Es war auch kein trotziges, kein böses oder beleidigtes. Das war ein leises, trauriges Nein. Ich schaltete mein Nachttischlämpchen wieder ein.

»Sind das Tränen in deinen Augen?«

»Nein«, schniefte sie. »Das sind geschmolzene Schneeflocken.«

Mir war nicht nach Lachen zumute, als ich Emilia so unglücklich da liegen sah. Ich fischte ein Papiertaschentuch aus der Schublade und tupfte ihre Wangen trocken.

»Willst du mir erzählen, was mit dir los ist?«, fragte ich und versuchte dabei, meine Stimme weich und einfühlsam klingen zu lassen.

Noch mehr geschmolzene Schneeflocken kullerten aus ihren Augen. Nach einer Weile seufzte sie herzzerreißend.

»Ich hab so Heimweh. So schrecklich, schrecklich Heimweh.« Sie fing so heftig an zu schluchzen, dass ihr ganzer kleiner Elfenkörper zitterte. Ich drückte sie fest an mich.

Was sagt man zu jemandem, der Heimweh hat? Ich erinnerte mich an früher, als ich noch ein Kindergartenkind war und einmal Heimweh gehabt hatte. Damals wollte ich zum ersten Mal bei meiner Freundin Annalena übernachten. Und obwohl sie da schon meine allerbeste Freundin war und ich ihre Eltern richtig nett fand, hatte ich abends, als wir schlafen gehen sollten, das schlimme Gefühl bekommen. Es war, als hätte jemand einen schweren schwarzen Mantel über mich geworfen, unter dem ich nichts mehr sehen und nicht mehr atmen konnte.

Ob sich Emilia jetzt auch so fühlte?

Bei mir hatte nichts geholfen. Keine guten Worte, keine Erklärungen, nichts. Annalenas Mutter hatte mich mitten in der Nacht nach Hause fahren müssen.

Bei dem Gedanken fuhr mir ein Schreck in die Knochen. Wollte Emilia vielleicht auch nach Hause? Nach Island?

Fünf

Weihnachtsferienglücksfreiheit und Silvesterknutscherei

In den nächsten Tagen hatten wir irre viel zu tun. Wir bekamen Besuch von Freunden unserer Eltern. Wir liefen Schlittschuh auf einem zugefrorenen Weiher, besuchten ein Museum, gingen ins Kino. Wir probierten ein neues Spiel aus, das wir geschenkt bekommen hatten, oder hingen auf dem Sofa rum und lasen.

Emilia war immer dabei, und anscheinend gefiel ihr, dass wir so viel zusammen unternahmen. Ich traute mich nicht, sie zu fragen, ob sie noch Heimweh hatte. Ich hatte Angst vor der Antwort. Und ich wollte, dass es für alle Zeiten so schön bleibt, wie es jetzt war. Das war Weihnachtsferienglücksfreiheit.

Am allerschönsten war unsere Silvesterparty. Es waren mehr als zwanzig Leute gekommen, und wir Kinder durften aufbleiben, solange wir wollten. Es wurde gegessen, gequatscht, gelacht und getanzt.

Pillepalle fand es peinlich, dass auch Mama und Papa wie wild rumhüpften, aber ich fand es okay. Auch Erwachsene brauchen mal Spaß im Leben, sonst werden sie grantig.

Um halb zwölf verteilte Mama Zettel und Bleistifte an alle.

»Jeder kann jetzt notieren, was er sich für das nächste Jahr wünscht«, sagte sie. »Keine Sorge, keiner wird eure Wünsche lesen. Was ihr aufschreibt, bleibt euer Geheimnis.«

Ich kapierte nicht, was Mama mit den Zetteln vorhatte, schrieb aber, wie alle anderen auch, eine Wunschliste. Weil ich Wünsche sehr mag und Geheimnisse auch. Ich schrieb insgesamt zehn

Wünsche auf. Geheime Wünsche darf man nicht verraten, aber einen verrate ich doch. Der erste Wunsch, ganz oben auf meiner Liste, lautete:

Ich will, dass Emilias Heimweh weggeht und sie für immer bei mir bleibt.

»Wer fertig ist, faltet das Papier zwei- oder dreimal zusammen und kommt mit mir nach draußen«, sagte Mama.

Die Gäste begannen aufgeregt zu murmeln und gingen dann, einer nach dem anderen, hinaus. Ein paar Feuerwerkskörper schossen schon in die Luft und malten bunte Sternchen in den Himmel. Bald war es zwölf und dann würde mit einem Schlag ein neues Jahr anfangen.

Als endlich alle da waren, führte uns Mama über den Hof, an der Scheune vorbei, und bog um die Ecke. Wir folgten ihr, und dann konnten wir es alle sehen: Mitten auf dem Feld hinter der Scheune brannte ein riesiges Lagerfeuer! Papa stand daneben und winkte uns zu sich. Emilia, die ich wieder in meinen Mantel eingewickelt hatte, fing wie wild an zu zappeln.

»So schön, so schön!«, flüsterte sie mir ins Ohr. »So wie zu Hause. Feuer und Schnee. Heiß und Eis!«

Ich konnte nichts antworten. Ich war froh, dass keiner mich, sondern alle bloß das Lagerfeuer anschauten. Wir gingen durch den tiefen Schnee, auf dem nur Papas Fußspuren zu sehen waren, und stellten uns rund um das Feuer auf.

»Jetzt kann jeder seinen Zettel dem Feuer übergeben und sich vorstellen, wie seine Wünsche wahr werden«, verkündete Mama und warf ihren Zettel als Erste in die Flammen.

Genau in diesem Moment begannen die Glocken der Kirchturmuhr zu läuten und von überall wurden Feuerwerkskörper in die Luft geschossen. Schnell ließen alle ihre Wunschzettel ins Feuer fliegen und die waren in null Komma nichts verbrannt. Dann ging die große Knutscherei los. Jeder küsste jeden und wünschte Prosit Neujahr.

Als wir alle völlig überküsst waren, gingen wir zurück ins Haus.

Alles in mir und an mir war glücklich. Der Kopf, der Bauch, die Arme, die Beine, die Haare. Sogar meine Fußzehen waren glücklich. Die Party war toll, das Essen war lecker, die Leute waren nett. Anstatt Kopfnüsse von meinen Brüdern hatte es Vanillecreme von Mama zum Nachtisch gegeben.

Um zwanzig nach zwei war ich so müde, dass mich Papa rüber ins Kinderhaus tragen musste.

Am nächsten Morgen schien mir die Sonne ins Gesicht, und die warmen Strahlen kitzelten mich wach. Es war friedlich und still. Meine Brüder schliefen bestimmt noch. Nur noch einmal umdrehen und einkuscheln, dachte ich und zog mir die Bettdecke bis über die Ohren. Im Halbschlaf suchte meine Hand nach Emilia. Nichts. Ich tastete den Platz hinter meinem Rücken ab. Nichts. Ich war so schnell wach, als hätte mir jemand einen Eimer Wasser über den Kopf gekippt.

»Emilia?«, rief ich. »Wo bist du?«

Ich schaute mich um. In meinem Bett war sie nicht. Auf ihrem Lieblingsplatz am Fenster war sie auch nicht. Ich stand auf und suchte das ganze Zimmer ab. Nirgendwo war auch nur ein Fitzelchen von Emilia zu entdecken. Beim Blick unter das Bett setzte mein Herz für einen Moment lang aus. Auch der rotweiß gepunktete Koffer war nicht da. Aber da war er doch sonst immer! Ein Gedanke schoss mir wie ein Blitz von einem Ohr zum anderen: War Emilias Heimweh doch wieder so schlimm geworden, dass sie abgehauen war?

Zutrauen würde ich es ihr. Emilia hatte vor nichts und niemand Angst.

Hastig zog ich meinen Bademantel über und rannte die Treppe runter. Barfuß schlüpfte ich in meine Gummistiefel. Ich wusste, dass ich gleich kalte Füße bekommen würde, aber das war jetzt das Unwichtigste der Welt. Ein eisiger Wind schlug mir entgegen, als ich die Haustür öffnete. Ich rannte so schnell ich konnte rüber ins Mama-Papa-Haus. In der Küche stapelten sich benutztes Geschirr und Gläser, aber von Emilia keine Spur. Auch im Wohnzimmer waren noch Überreste der Party zu sehen. Auf dem Tisch die Wasserschüssel und Kerzenstummel vom Silvesterwachsgießen, auf dem Boden die Spielkarten der Jottjotts, zerknüllte Servietten, einige leere Brotkörbe und Tabletts. Schließlich fiel mein Blick auf das Sofa. Hinter einem Sofakissen ragten ein paar brötchenblonde Haarsträhnen heraus. »Emilia! Da bist du ja«, rief ich erleichtert und stürzte zu ihr. Ich zog das Kissen weg und nahm meine kleine Freundin in die Arme. »Wie bist du denn hierhergekommen?« Ich sah sie eindringlich an. Da hörte ich hinter mir jemanden gähnen und Pippa verwandelte sich wieder in eine Puppe.

»Ach, Pippa. Du bist ja schon wach!«, grummelte Mama mit verschlafener Stimme. Ich drehte mich zu ihr um. Ihre Frisur war zerzaust und unter ihren Augen waren schwarze Ränder zu sehen.

»Schau mich nicht so kritisch an«, lächelte sie müde und fuhr sich durch die Haare. »Ich weiß, ich sehe schrecklich aus. Und ich habe vergessen, mich abzuschminken.«

»Ist nicht schlimm«, sagte ich und hoffte, Mama würde nicht merken, wie erschrocken ich noch immer war.

»Emilia war nur …«

Ich schnitt den Rest vom Satz weg. Emilia war abgehauen, hatte ich sagen wollen. Aber das durfte Mama natürlich nicht wissen.

»Sieht ganz schön übel aus«, sagte Mama mit Blick auf das Chaos. »Hilfst du mir beim Aufräumen?«

»Nur, wenn alle mithelfen«, sagte ich trotzig.

»Ach, ich hab noch eine bessere Idee!«, rief

sie und schlurfte zurück in die Küche. »Willst du einen Käsekuchen backen?« Sie füllte Wasser in den elektrischen Wasserkocher und schaltete ihn ein. »Heute Mittag kommt Oma Dotti zum Nachmittagskaffee. Sie würde sich bestimmt sehr freuen, endlich mal ein Stück von deinem berühmten Käsekuchen zu probieren. Der Kuchen, mit dem man jede Schlacht gewinnt.« Sie lächelte.

Ich wollte gern einen Kuchen backen, aber noch viel lieber wollte ich mit Emilia reden und sie fragen, ob sie wirklich hatte abhauen wollen.

Das Wasser kochte. Mama goss es über ein Papiersäckchen mit Mangopfefferminztee in die Thermoskanne und ließ den Tee zehn Minuten ziehen.

»Magst du auch?« Sie hielt einen Becher hoch. Ich nickte.

Jetzt kam Papa herein. Er sah genauso verstrubbelt aus wie Mama, aber schwarze Ränder unter den Augen hatte er nicht. »Kaffee, ich brauch Kaffee«, brummte er und kratzte sich am Bauch.

»Ich koche dir Kaffee, wenn du die Jungs rüberholst zum Aufräumen«, bot Mama an. »Pippa backckt einen Kuchen, und wir anderen beseitigen in der Zwischenzeit die Reste vom Fest.«

In diesem Moment war mir klar, dass ich meinen Plan, gleich mit Emilia zu reden, knicken konnte. Seufzend ging ich zum großen Bücherregal im Wohnzimmer und zog das Backbuch heraus. Mama holte die Zutaten aus Kühlschrank und Speisekammer, und ich setzte Emilia auf die Arbeitsplatte in der Küche, damit sie mir zuschauen konnte. Das machten wir immer so. Das war unser Kochshow-Spiel. Ich war die Starköchin, und Emilia war das Millionenpublikum.

Nach und nach trudelten meine Brüder ein und machten sich zusammen mit Mama und Papa ans Aufräumen. Beim Teigrühren schaute ich immer wieder zu Emilia. Doch nichts in ihrem Gesicht verriet mir, was in ihr vorging. Ich nahm einen Schluck vom heißen Tee und dachte daran, wie ich damals, als mir Oma Dotti Emilia geschenkt hatte, Wildbeerentee bei ihr getrunken hatte.

Jetzt freute ich mich auf Oma Dottis Besuch, und ich merkte, wie sehr sie mir gefehlt hatte. Seit sie und Börni, unser Nachbar, der eigentlich

Herr Siebenborn heißt, sich kannten, war ihre freie Zeit noch knapper geworden.

Als ich den Kuchen aus dem Ofen holte, waren die anderen nicht nur mit dem Aufräumen fertig, sondern hatten auch schon die Kaffeetafel gedeckt.

Gerade als ich in mein Zimmer gehen wollte, um mich zu duschen und anzuziehen, klingelte das Telefon.

»Pippa, für dich!«, rief der eine Jott.

»Es ist Annalena! Wegen Prosit Neujahr und so!«, rief der andere.

O ja! Mit Annalena wollte ich unbedingt sprechen. Ich raste raus in den Flur zu den Zwillingen, schnappte mir den Hörer und verzog mich in Papas Arbeitszimmer, um ungestört zu sein.

»Ich bin ja so froh, dass du anrufst«, sagte ich. »Ich muss dir ganz viel erzählen.«

Und ich erzählte ganz viel. Fast alles. Nur die Sache mit der Reise und die Sache mit Emilia und dem Heimweh erzählte ich nicht. Aber sonst alles, was in den letzten Tagen passiert war. Mal saß ich dabei am Schreibtisch, mal stand ich am Fenster, mal lag ich auf dem Fußboden, mal hing ich über der Sofalehne. Und natürlich wollte ich auch alles von ihr wissen. Die Jottjotts kamen ein paarmal ins Zimmer, um nachzusehen, ob ich noch lebte. Das behaupteten sie jedenfalls.

»Pippa! Kommst du?!«, hörte ich plötzlich Mama rufen. »Oma Dotti ist da!«

Sechs

Eine zweistellige Überraschung

Da stand ich nun. Noch immer in Schlafanzug und Bademantel. Wie peinlich war das denn?! Am liebsten hätte ich mich unsichtbar gezaubert.

Aber Oma Dotti lachte nur laut und herzlich, als sie durch den Flur auf mich zugerollt kam. Sie sitzt nämlich im Rollstuhl, weil sie nicht mehr laufen kann. Sie hat schlafende Beine, sagt sie, aber dafür wache Hände und einen noch viel wacheren Verstand.

»Wie schön, dich zu sehen!«, quiekte sie und wedelte mit den Armen. »Und wie hübsch du heute wieder aussiehst!«

Mit ihrem Lachen schmolz die ganze Peinlichkeit weg. Ich flog Oma Dotti entgegen und sprang auf ihren Schoß.

Ich schlang meine Arme um ihren Hals. »Ich freu mich, dass du da bist!«, flüsterte ich ihr ins Ohr.

»Und ich freu mich, dass ich hier sein darf!«, flüsterte sie zurück.

Papa schob uns beide mit dem Rollstuhl in die Küche, wo der Rest meiner Familie schon um die Kaffeetafel saß.

»Herzlich willkommen«, sagte Mama. »Und ein frohes neues Jahr, liebe Oma Dotti!« Sie gab ihr zwei Begrüßungsküsschen. Eins links. Eins rechts. Dann zündete sie die große Weihnachtskerze und die vielen Teelichter an, die überall auf dem Tisch standen.

Eigentlich hatte ich Oma Dotti fragen wollen, ob wir später noch heimlich miteinander sprechen können. Unter vier Augen. Von mir aus auch unter sechs Augen, wenn ich die von Emilia dazu rechnete. Aber das ging jetzt nicht mehr. Papa stellte schon den Kuchen auf den Tisch und schnitt ihn an. Ich hüpfte von Oma Dottis Schoß und holte Emilia, die noch immer auf der Küchenarbeitsplatte saß.

»Lecker, lecker!«, schwärmte Oma Dotti, nachdem sie meinen Kuchen probiert hatte. »Das ist der beste Käsekuchen, den ich in meinem ganzen Leben gegessen habe! Und ich habe schon viele gegessen!«

Meine Bäckchen wurden so heiß wie der Ofen, in dem ich den Kuchen gebacken hatte.

»Kann man essen«, sagte der eine Jott.

»Ich weiß noch nicht«, sagte der andere und wackelte unschlüssig mit dem Kopf hin und her. »Ich müsste erst noch ein Stück probieren, um das beurteilen zu können.«

Auch das sollte ein Lob sein. Ein Lob, das man aber nur verstehen kann, wenn man ältere Brüder hat, deren Hobby Schwesterärgern ist.

Mama schaufelte dem Jott noch ein Stück auf seinen leeren Teller. Der andere hielt seinen Teller natürlich auch hin. Klar. So ist das eben bei Zwillingen. Was der eine will, will der andere auch.

Papa klopfte mit dem Kaffeelöffel an seine

Tasse. »Ruhe, bitte!« Er räusperte sich. »Ich muss euch etwas Wichtiges mitteilen.« Verschwörerisch schaute er erst Mama, dann Oma Dotti an. Beide schmunzelten still vor sich hin.

Hä? Was war denn jetzt los? Ich war gespannt, was Papa zu erzählen hatte. Aber er ließ uns zappeln, goss sich noch eine Tasse Kaffee ein und trank in aller Gemütlichkeit einen Schluck. Nur das Knistern der Kerzenflamme und sein Schlürfen waren zu hören.

»In ein paar Tagen hat Pippa Geburtstag und wird zehn Jahre alt.«

Mit einem Mal klebten alle Blicke an mir. Diese plötzliche Aufmerksamkeit war mir total unangenehm.

»Ja, ja, das, das, das st-st-stimmt!«, stotterte ich und ärgerte mich gleichzeitig über meinen Wörterhusten. Geburtstag zu haben ist doch eins der schönsten Dinge, die während des Jahres passieren. Aber als mich alle so anstarrten, hatte ich das Gefühl, ich hätte was verbrochen.

»Abgesehen davon, dass ein Geburtstag immer ein freudiges Ereignis ist«, sprach Papa meine Gedanken aus, »passiert in diesem Jahr zusätzlich etwas ganz Besonderes.« Er schaute fragend in die Runde. Weil Mama und Oma Dotti grinsten, schloss ich daraus, dass sie Bescheid wussten. Eine Erwachsenenverschwörung also. Emilia, die auf meinem Schoß saß, machte riesengroße Augen. Wusste sie auch, um was es ging? Meine Brüder dagegen guckten ziemlich ratlos.

»Keine Ahnung«, sagte der eine Jott.

»Auch keine Ahnung«, sagte der andere Jott. Ein ziemlich überflüssiger Kommentar.

»Was meinst du, Paul?«, fragte Papa. »Kleiner Tipp: Es hat etwas mit Zahlen zu tun.«

Doch Pillepalle zuckte bloß mit den Schultern.

»Also gut, ich verrate es euch«, gab Papa nach. »Wir sind dann alle zweistellig!«

»Hä? Zweistellig?« Ich verstand nicht.

Der eine Jott hob die Hand und schnalzte mit den Fingern. »Ich weiß, ich weiß!«

»Ich auch, ich auch!«, schnalzte der andere Jott.

Mama rutschte aufgeregt auf ihrem Stuhl hin und her. »Und? Wie lautet die Lösung?«

»10, 11 und 13. So alt sind wir Kinder an Pippas Geburtstag«, riefen die Jottjotts im Chor.

»Stimmt genau!« Papa warf die Hände in die Luft. »Alles zweistellige Zahlen! Damit haben wir, Lissy und ich, lauter zweistellige Kinder!«

»Große Kinder«, fügte Mama stolz hinzu.

»Feiern wir dann eine zweistellige Party?«, wollte Pillepalle wissen.

»Nein! Viel besser!« Papas Stimme überschlug sich fast. »Wir machen eine Reise! Eine große Reise! Mit unseren großen Kindern!«

»Nach Spanien?«, fragte der eine Jott.

»Nach Italien?«, fragte der andere.

»Nach Österreich?«, fragte Pillepalle.

Ich spürte, wie Emilia ihre Muskeln anspannte. Und im selben Augenblick schob sich ein Gedanke so schwarz wie eine Gewitterwolke über meinen Kopf.

O nein! Hoffentlich war es nicht das, was ich dachte!

»Wir fliegen …«, begann Mama.

»… nach Island!«, beendete Papa den Satz.

Meine drei Brüder grölten Juhu und Hurra und pfiffen und klatschten in die Hände.

Und Papa und Mama freuten sich wie Schneekönig und Schneekönigin.

Mir dagegen plumpste das Herz in die Schlafanzughose.

»Ist dir nicht gut, Pippa?« Oma Dotti legte mir die Hand auf den Arm. »Du bist so weiß wie eine Wand.«

Genauso fühlte ich mich auch. Weiß und starr wie eine Wand. Aber eine, die gleich einstürzt. Mama goss mir schnell ein Glas Wasser ein. »Hier, trink das.« Mit zwei Fingern fühlte sie meinen Puls. »Vielleicht ist es der Kreislauf?«, sagte sie besorgt.

»Dann soll sie halt mal ein paar Runden im Kreis laufen«, meinte der eine Jott, und der andere lachte über den schlechten Witz seines Bruders. So leise, als hätte ich Stöpsel in den Ohren, hörte ich Mama mit meinen Brüdern schimpfen.

Ich musste jetzt nachdenken. Gründlich nachdenken. Und keinen Fehler machen. Ich konnte ja unmöglich erzählen, warum ich so blass geworden war. Als Erstes versuchte ich, meinen Kummer wegzulächeln.

»Es geht schon wieder«, sagte ich zu Mama und trank das Glas Wasser in einem Zug aus.

»Wirklich?« Die Sorgenfalten auf Mamas Stirn entspannten sich etwas.

»Ja, ich bin völlig okay. Vielleicht habe ich in den letzten Tagen nur zu wenig geschlafen.«

Normalerweise würde ich niemals zugeben, dass ich zu wenig geschlafen hätte. Niemals nie. So etwas sagen sonst nur Eltern zu ihren Kindern. Nie umgekehrt.

»Damit kannst du recht haben«, nickte Mama zufrieden. »Dann gehst du eben heute Abend früher ins Bett.«

Sie setzte sich wieder auf ihren Stuhl, und ich atmete erleichtert auf.

Dann fing Papa an zu erzählen. Eine größere Reise hätte man sowieso geplant gehabt. Aber nachdem Oma Dotti so begeistert von diesem außergewöhnlichen Land berichtet hatte, hätte festgestanden, wohin es während der Osterferien gehen sollte.

In mir begann es zu brodeln, und ich bekam eine Vorstellung, wie sich ein isländischer Vulkan fühlt. Ich musste mich wehren. So viel stand fest. Ich startete das, was mein Papa ein Wortgefecht nennt. Papa liebt Wörter, bei denen man als Kind nicht immer gleich weiß, was sie bedeuten. Aber eigentlich bedeutet das Wort nur, dass man gegen alles wettert, was der andere sagt.

»Aber das ist doch schrecklich weit!«, begann ich. »Das dauert und dauert, bis man da ist. Da ist schon der halbe Urlaub vorbei, wenn man angekommen ist.« Ich holte noch mal tief Luft. »Und dann, dann braucht man seine Koffer gar nicht auspacken, weil man sich schon wieder auf die Rückreise machen muss.«

Mama lachte. »Du hast vielleicht Ideen! Wir laufen doch nicht dahin. Wir fliegen! Das dauert nur ein paar Stunden.«

»Und was ist, wenn das Flugzeug sich verirrt? Oder aus Versehen in die falsche Richtung fliegt? Und irgendwo landet, wo wir gar nicht hinwollen? Bei wilden Tieren zum Beispiel? Oder am Südpol?«

Papa und Mama gingen die Worte aus, so verblüfft waren sie über meine Reaktion.

»Die spinnt ja«, brummte Pillepalle, und die Jottjotts schüttelten ihre Köpfe im Takt.

»Ein Flugzeug verirrt sich doch nicht«, sagte Mama schließlich.

Ich wollte nicht aufgeben. »Aber so eine Reise ist bestimmt unendlich teuer. Ich bin dagegen, dass wir so viel von unserem Familiengeld ausgeben. Absolut dagegen.« Entschlossen verschränkte ich die Arme vor der Brust.

»Seit wann machst du dir Gedanken um unser Geld?«, fragte Papa.

»Seit gerade eben«, pampte ich zurück.

Die Fotos von den Vulkanausbrüchen und den Gletschern kamen mir in den Sinn. »Außerdem kann man in Island bestimmt nicht zelten. Dafür ist es dort viel zu kalt. Oder zu heiß. Eins von beidem. Wahrscheinlich aber beides gleichzeitig.«

Alle lachten. Und das machte mich vulkanisch wütend. Ich sprang vom Stuhl hoch.

.»Ich bin Pippa. Ich bin bald zehn Jahre alt. Und ich habe das verflixte Recht, von meiner Familie ernst genommen und nicht ausgelacht zu werden.« Ich stemmte die Hände in die Hüften. Fast hätte ich selbst lachen müssen, als mir auffiel, dass ich genauso dastand wie Emilia, wenn sie wütend ist.

Ob Emilia ansteckend ist? Diese Frage musste ich mir ein anderes Mal beantworten. Ich musste mich jetzt mit aller Kraft auf das Dagegensein konzentrieren.

»Natürlich nehmen wir dich ernst«, sagte Papa, ging zur Kommode und holte ein Bündel

Papiere und Prospekte. »Wir wollen gar nicht zelten.«

Auch das noch! Sag was, Pippa, sag was!, trieb ich mich innerlich selbst an.

»Aber ich bin es gewohnt zu zelten. Ich kann gar nicht anders Urlaub machen. Das ist unmöglich!«, hielt ich dagegen.

Er kramte einen Prospekt heraus. »Wir haben ein großes Zimmer in einem Hostel gebucht. Schau.« Er hielt mir einen Computerausdruck unter die Nase.

»Was ist ein Hostel?«, fragte der eine Jott und der andere sagte: »Das wüsste ich auch gern.«

»So etwas Ähnliches wie eine Jugendherberge. Das ist meist günstiger als ein Hotel. Das wird dich vielleicht beruhigen, Pippa. Ich meine wegen deiner Sorgen um die Familienkasse.«

Ich ließ mich von Mamas Augenzwinkern nicht beeindrucken. Ich blieb standhaft.

Papa mischte sich wieder ein.

»Es sieht sehr schön aus. Schau mal!« Er deutete auf eins der Fotos. »Ist mitten in der Hauptstadt. Und gar nicht weit davon ist das Haus von Helga, Oma Dottis Freundin. Dort wird sie wohnen.«

Huch! Ich war verblüfft.

»Oma Dotti kommt mit?«

»Ja, aber nur, wenn du nichts dagegen hast«, sagte Oma Dotti. »Ich habe, das muss ich zugeben, ein wenig Heimweh. Und ich freue mich, dass deine Eltern die Idee hatten, wir könnten zusammen reisen.«

Heimweh. Heimweh. Ich hätte dieses Wort am liebsten mit einer Schere zerschnippelt und in den Müll geschmissen.

Aber Oma Dotti konnte ja nichts dafür, dass ich das Wort nicht mehr leiden konnte. Ich hatte sie trotz ihres Heimwehs sehr lieb, und der Gedanke, sie wäre eine Weile öfter mit uns zusammen, gefiel mir. Das musste ich zugeben.

»Nein, nein, auf keinen Fall habe ich etwas dagegen«, sagte ich deshalb. »Ich würde sogar gern mit dir zusammen in Urlaub fahren. Aber, aber …«

Nachdenken, nachdenken, nachdenken, ermahnte ich mich. Mir durften auf keinen Fall die Argumente ausgehen. Ich strengte mein Hirn weiter an.

»Aber könnten wir nicht zusammen in den

Schwarzwald fahren? Da ist es total schön. Da gibt es auch einen tollen Wasserfall.«

Das stimmte sogar. Dort waren wir mal in den Herbstferien gewesen. Ich konnte mich noch gut erinnern, dass mir von der Fahrt durch die engen, kurvigen Bergstraßen kotzübel geworden war. Sogar das würde ich wieder in Kauf nehmen, wenn wir nicht nach Island reisen würden.

Nachdem niemand auf meinen Vorschlag mit der Schwarzwaldreise eingehen wollte, schob ich mein nächstes Argument nach.

»Was ist, wenn wieder einer krank wird? So wie Jannik vor ein paar Monaten? Als er mit Blinddarmentzündung ins Krankenhaus musste? Ihr wisst ja, Julius hat diesen Blinddarm noch. Es könnte also sein, dass er … Ich meine, die haben bestimmt keine Ärzte oder Krankenhäuser dort. Und …«

»Pippa, selbstverständlich gibt es dort Ärzte und Krankenhäuser. Außerdem glaube ich, du hast nicht richtig zugehört«, unterbrach mich Papa. »Wir haben bereits gebucht.« Er wedelte mit den Tickets. »Flug, Hostel, Mietwagen. Alles gebucht.«

Damit war bei mir die Luft raus. Ich hatte keine Argumente mehr.

»Ihr werdet schon sehen, was ihr davon habt«, brummte ich und setzte mich wieder hin. Das zu sagen, war natürlich völliger Quatsch, aber ich wollte unbedingt das letzte Wort haben.

Hatte ich aber nicht. Denn jetzt ging erst das Gequake los. Die Jottjotts wollten die Flugtickets sehen und prüfen, ob ihre Namen wirklich draufstanden. Dann wühlten sie sich durch die anderen Unterlagen. Pillepalle sah sich den Prospekt der Mietwagenfirma an und war völlig hin und weg, weil unsere Eltern einen Geländewagen mit Allradantrieb gemietet hatten. Papa und Mama ließen die Jungs machen. Sie räumten in der Zwischenzeit das benutzte Geschirr weg und füllten es in die Spülmaschine. Ich ging zum großen Fenster im Wohnzimmer. Eine Niederlage zu erleiden fühlt sich nicht gut an. Das musste ich jetzt irgendwie verkraften. Oder mir überlegen, mit welcher List ich meine Eltern doch noch überzeugen konnte, die Reise abzusagen. Ich könnte mich auch krank stellen, dachte ich. Ich erinnerte mich gut, wie sich Jannik gekrümmt und gejammert hatte vor Schmer-

zen. Das konnte ich nachmachen. Schließlich hatte ich mein Talent als Schauspielerin schon einige Male erfolgreich unter Beweis gestellt.

»Pippa? Kann ich mit dir sprechen?«

Erschrocken drehte ich mich um. Oma Dotti war mit Emilia auf ihrem Schoß lautlos herangerollt. Die hatte ich bei meinem gescheiterten Versuch, ein Wortgefecht zu gewinnen, auf meinem Stuhl sitzen lassen.

»Ja, klar kannst du mit mir sprechen.« Ich war überrascht, weil ich nicht gewohnt war, gefragt zu werden, ob ich reden wollte oder nicht.

Das war eine der Besonderheiten von Oma Dotti, und auch deshalb mochte ich sie so. Wenn ich mit ihr zusammen war, hatte ich niemals das Gefühl, klein zu sein. Ich glaube aber nicht, dass es daran liegt, dass sie im Rollstuhl sitzt und sie mir deshalb geradeaus und nicht von oben in die Augen guckt.

»Ich denke, ich weiß, warum du gegen diese Reise bist«, sagte sie. Ihr Blick fiel auf Emilia. »Du hast Angst, dass sie dort bleiben will. Stimmt's?!«

Ich schluckte und nickte stumm.

»Du brauchst keine Angst zu haben. Emilia ist

sehr gern bei dir. Das weiß ich.« Oma Dotti blinzelte geheimnisvoll.

»Hat sie das gesagt?«, fragte ich leise.

»Ja, hat sie. Aber sie hat mir auch gesagt, dass sie Heimweh hat.«

»Wie soll denn das gehen?! Es geht doch nur entweder das eine oder das andere«, sagte ich bockig.

»Ich denke, es geht beides«, antwortete Oma Dotti. »Auf jeden Fall erfüllst du Emilia einen Herzenswunsch, wenn du zustimmst und mitfährst.«

»Sieht so aus, als hätte ich sowieso keine Wahl«, trotzte ich. »Ich bin die Kleinste in diesem Haus. Auf mich hört sowieso keiner.«

Oma Dotti hob Emilia hoch und ließ sie auf ihren Knien stehen.

»Die Kleinste bist du sicher nicht«, sagte sie mit Blick auf meine klitzekleine Freundin. »Und du weißt selbst, dass man sehr wohl auf die Kleinen hört.«

Das stimmte. Die kleine Elfe hatte mein Leben ganz schön auf den Kopf gestellt. Wohl oder übel musste ich grinsen. Ich wäre lieber bockig geblieben.

Oma Dotti setzte Emilia wieder auf ihren Schoß.

»Vielleicht will sie dir ihre Familie und ihre Freunde vorstellen. Wer weiß?«

Dass Emilia eine Familie und Freunde haben könnte, war mir nie in den Sinn gekommen. Wenn ich mir vorstellte, wie lange sie die anderen Elfen nicht mehr gesehen hatte, bekam ich selbst ein bisschen Heimweh.

»Na gut. Dann fahren wir halt dorthin«, sagte ich und hoffte im selben Moment, dass ich meine Entscheidung nicht bereuen würde.

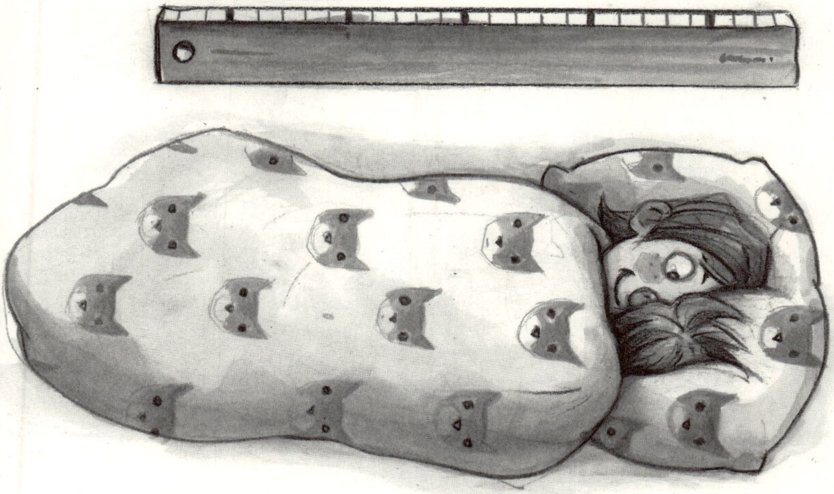

Sieben

Noch dreizehn Zentimeter bis zum Urlaub!

Emilia stand nachdenklich vor dem neuen Jahreskalender, den ich an eine Wand meines Zimmers gehängt hatte.

»Wie lange dauert es denn noch bis zu den Osterferien?«

Ich saß im Schneidersitz auf meinem Bett. Vor mir lag eins der neuen Bücher, die ich mir an Weihnachten in Sandras Laden ausgesucht hatte. »Ein paar Monate«, sagte ich knapp, um schnell weiterlesen zu können.

»Geht es nicht etwas genauer?«

Seufzend stand ich auf. Sie würde keine Ruhe geben, das wusste ich. Ich zeigte mit dem Finger auf ein Kästchen im April. »An diesem Montag beginnen die Ferien.«

»Und wo sind wir jetzt?«

Ich deutete auf das Kästchen vom 2. Januar. »Hol mal bitte dein Lineal.«

Ich kramte in meinem Schulranzen, den ich für die Zeit der Ferien weit hinten unter meinen Schreibtisch geschoben hatte.

»Hier ist es. Und was soll ich damit?«

Emilia verzog den Mund. »Messen! Von heute bis zu den Ferien. Was denn sonst?!«

Mal wieder ein typischer Emilia-Einfall, dachte ich, tat aber, was sie sagte. Ich legte das Lineal mit der Null auf den 2. Januar an und schob es zurecht, bis ich den ersten Ferientag auf der Zahlenreihe hatte. »Dreizehn Zentimeter«, verkündete ich das Ergebnis. »Und jetzt?«

Emilia riss die Arme in die Höhe und sprang auf und ab. »Nur noch dreizehn Zentimeter bis zum Urlaub! Juhu!!!«

»Emilia. Das ist nicht so, wie du denkst«, versuchte ich sie zu bremsen. »Mit einem Lineal misst man Entfernungen. Wie weit es ist, von einem Punkt zum anderen.«

Sie schien mich nicht zu verstehen. Oder sie wollte mich nicht verstehen. Ich holte mein rotweißgepunktetes Buch, in das ich meine Erlebnisse aufschrieb, und legte das Lineal auf den Deckel. »Schau. Dieses Buch ist 16 Zentimeter breit und 22 Zentimeter hoch.«

»Das glaub ich dir sogar«, sagte sie. »Da sind ja auch ganz viele Tage drin aufgeschrieben, mit allem, was wir erlebt haben. 16 Zentimeter breite Tage und 22 Zentimeter hohe Tage. Ganz schön viel ist das. Wenn man das alles zusammennimmt.«

Ich stöhnte. Wie sollte ich ihr die Sache mit der Zeit bloß erklären? Ich war doch keine Lehrerin!

Selten war ich so froh, Schritte auf der Treppe zu hören, wie in diesem Moment.

Es klopfte. »Pippa? Bist du da?«

»Komm rein, Mama«, rief ich erleichtert.

»Wollen wir dein Geburtstagsfest planen?«,

fragte sie, den Türgriff noch in der Hand. »Hast du Lust?«

Ich hatte Lust. Und wie.

Der Rest des Tages verging wie im Flug. Als wir fertig waren mit den ganzen Vorbereitungen, rief Papa zum Abendessen. Stolz zeigte ich die selbstgemalten Einladungskarten und erzählte, was wir an meinem Geburtstag alles unternehmen wollten. Am meisten freute ich mich, dass Annalena schon morgens kommen und über Nacht bleiben durfte. Am zweitmeisten freute ich mich, dass meine Brüder nicht eingeladen waren. Ein echter Vorteil meiner bevorstehenden Zweistelligkeit.

Am drittmeisten freute ich mich, dass ich den ganzen Nachmittag nicht an unsere Osterferienreise gedacht und deshalb nur gute Laune gehabt hatte.

Erst als ich später im Bett lag und das Licht ausmachte, wurde ich wieder daran erinnert.

»Wie viel Zentimeter sind denn schon vorbei?«, hörte ich Emilia flüstern, während sie sich an mich kuschelte.

»Höchstens ein paar Millimeter«, gähnte ich.

»Ich mag Minimeter nicht«, sagte Emilia leise.

»Millimeter. Es heißt Millimeter.«

»Matheritik ist mir egal«, brummte sie.

Ich hatte die Augen schon zu und wollte sie auch nicht noch einmal aufmachen. »Musst du immer das letzte Wort haben, Emilia?«

»Nein.«

»Ich auch nicht.«

»Nein?«

»Nein!«

»Na gut.«

»Schlaf jetzt.«

»Mach ich.«

»Träum was Schönes.«

»Du auch.«

»Ich hab dich lieb, Emilia.«

»Ich dich auch, Pippa. Auch wenn du Angst vorm Urlaub hast.« Sie schnaufte laut und strich mir mit ihrer kleinen Hand eine Locke aus dem Gesicht. »Die Angst radieren wir schon noch weg. Jeden Tag werden es ein paar Zentimeter weniger. Du wirst schon sehen.«

Ich drückte Emilia noch einmal fest an mich und lächelte mich dann in den Schlaf.

Am nächsten Morgen war mein erster Gedanke: nur noch wenige Tage bis zu meinem Geburtstag! Ich konnte es kaum abwarten! Ich war so ungeduldig, dass ich schon mit dem Lineal auf meinem Jahreskalender nachmessen wollte.

Emilia ist eben doch ansteckend.

Zum Glück waren wir mit Vorbereitungen und Einkäufen so sehr beschäftigt, dass der Tag schneller gekommen war, als ich gedacht hatte.

»Bestimmt bin ich über Nacht gewachsen«, sagte ich stolz zu Emilia, als ich mit ihr im Arm rüber in die Küche ging.

Meine ganze Familie saß schon am Küchentisch, auf dem eine große Torte mit zehn brennenden Kerzen stand. »Happy Birthday!«, fingen alle an zu singen, als ich durch die Tür ging. Ich strahlte über das ganze Gesicht.

Gefeiert zu werden ist ein so schönes Gefühl, dass ich mich wundere, dass man das nicht häufiger macht. Man könnte sich doch wenigstens einmal im Monat feiern lassen. Auch ohne Geburtstag. Das würde ich auf unserer nächsten Familienratssitzung vorschlagen. Aber jetzt musste ich erst einmal die Kerzen auspusten, um Applaus und Küsschen einzukassieren.

Nach der Torte gab es Geschenke. Von Mama und Papa kriegte ich ein neues Fahrrad. Es war genau das, was ich mir gewünscht hatte. Von den Jottjotts kriegte ich ein selbstgebasteltes Gutscheinheft. Beim Durchblättern las ich so Sachen wie: »Einen Tag nicht geärgert werden«, »einen Schokoweihnachtsmann gratis im Februar« oder »eine Stunde Nachhilfe umsonst und ohne Schimpfen«. Und sie schenkten mir ein Schild, das ich an meine Tür hängen konnte: »Kopfnussfreie Zone«.

Pillepalle holte sein Geschenk aus einem Versteck hinter dem Schrank im Wohnzimmer. »War zu groß, um es einzupacken«, sagte er und hielt mir zwei lange Holzlatten hin. Ich guckte komisch, weil ich nicht wusste, für was das sein sollte.

»Das ist für deine Zweistelzigkeit«, grinste er.

Erst jetzt sah ich, dass es nicht Holzlatten, sondern wirklich Stelzen waren.

»Hab ich selbst gebaut«, fügte er stolz hinzu. »Für meine kleine große Schwester. Macht auch hübsche lange Beine.«

»O Mann!«, rief ich. »Ihr könnt ja alle total nett sein!«

Ich lief herum wie ein aufgescheuchtes Huhn, weil ich nicht wusste, wen ich zuerst umarmen sollte. Als dann auch noch das Auto von Annalenas Eltern in den Hof fuhr, wäre ich vor Freude am liebsten aus dem Fenster gehüpft, um sie zu begrüßen. In Wirklichkeit rannte ich sie bloß über den Haufen, als sie durch die Haustür reinkamen. Mama stellte schnell noch ein paar Klappstühle an den Tisch und Papa servierte jedem ein Stück Geburtstagstorte. Annalena begleitete mich mit ihrem Teller in der Hand ins Wohnzimmer, während die Erwachsenen weiter Kaffee tranken und meine Brüder sich in ihre Zimmer verzogen.

Wir setzten uns aufs Sofa und ich packte ihr Geschenk aus. Es war ein Album, in das sie Fotos eingeklebt hatte, auf denen wir beide zu sehen waren. *Für meine beste Freundin Pippa* stand vorne drauf. Seite für Seite schauten wir uns gemeinsam an und mussten immer wieder kichern, weil wir als Babys und Kleinkinder so lustig ausgesehen hatten. Irgendwie breiter als lang mit unseren dicken Pausbäckchen.

Am Nachmittag kamen meine Geburtstagsgäste. Ich hatte auch Inga eingeladen. Sie sollte wissen, dass ich ihr nicht mehr böse war wegen unseres Streits und der Käsekuchenschlacht.

Es wurde eine echt tolle Party. Mit allem Drum und Dran. Erst mit Spielen, später mit Tanzen und Karaoke singen. Wir waren sicher, dass wir alle am nächsten Tag Muskelkater im Bauch haben würden, weil wir so viel gelacht hatten.

»Hoffentlich kann ich mir das Feiern wieder abgewöhnen«, sagte ich am Abend, als wir schon im Bett lagen, zu Annalena. »Weihnachten, Silvester, Geburtstag. Da liegen immer nur ein paar Millimeter Zeit dazwischen. Und dann kommt kilometerlang nix mehr Besonderes.«

Annalena prustete laut los. Aber mir blieb das Lachen im Hals stecken, weil mir plötzlich einfiel, dass es doch bald etwas Besonderes geben würde.

»Was ist los?«, fragte Annalena, als sie merkte, dass meine Stimmung in den Keller gerutscht war.

»Ich muss dir was erzählen«, sagte ich und warf einen verstohlenen Blick auf Emilia, die wie eingefroren in einer Ecke des Betts saß. »Wir fahren in den Osterferien in Urlaub. Sehr weit weg. Mit dem Flugzeug und so.«

»Ist doch super!«, rief Annalena begeistert. »Und wo ist das Problem?«

Tja, was wirklich das Problem war, konnte ich meiner Freundin nicht erzählen. Sie würde mich bestimmt für total bekloppt halten. Das hatte ich mir vorher nicht überlegt. Was sollte ich also antworten?

»Vielleicht ist es das Fliegen«, sagte ich. »Oder, dass es so weit weg ist.«

Anders als ich, war Annalena schon öfter mit ihren Eltern in Urlaub geflogen und kannte sich damit aus.

»Hatte ich beim ersten Mal auch«, versuchte sie mich zu beruhigen. »Das ist nur, weil du das noch nicht kennst. Ist aber richtig schön. Glaub mir.«

Ich erfand noch weitere Ausreden und wärmte alles noch einmal auf, was ich schon am Urlaubsverkündungstag zu meinen Eltern gesagt hatte. Zu weit, zu warm, zu kalt, zu irgendwie, zu irgendwas. Doch auch bei Annalena konnte ich mit keinem meiner Argumente ankommen.

»Du schaffst das schon«; meinte sie. »Bringst du mir was mit? Vielleicht ein Fläschchen mit Sand von Island?«, fragte sie abschließend.

»Klar mache ich das. Du bringst mir ja auch immer was von deinen Reisen mit.«

Vielleicht bin ich noch immer eine Angsthaberin, so wie früher, überlegte ich, als Annalena neben mir schon längst eingeschlafen war.

Acht

Saure Milch, Krähenbeerensaft und die Pupsmaschine

Nach den Weihnachtsferien musste ich mir nicht nur das Feiern wieder abgewöhnen, sondern das frühe Aufstehen wieder angewöhnen. Wenn der Wecker klingelte, war es draußen noch stockfinster. Meinen Brüdern gefiel das auch nicht.

»Das ist seelische Grausamkeit und völlig wider die Natur junger Menschen«, motzte Pillepalle am Morgen des ersten Schultags. Er schnitt sich eine Scheibe Brot ab, die so dick war wie ein Wörterbuch.

»Noch nicht in Form, was?«, witzelte Papa, der selbst alles andere als ausgeschlafen aussah.

»Nach neuesten Erkenntnissen ist es völlig gegen den Biorhythmus von Schülern, so früh aufzustehen und das Gehirn zum Lernen zu motivieren«, gab Pillepalle zurück.

»Nach dem Biorhythmus von Lehrern fragt mal wieder keiner«, gähnte Papa.

»Könntest du nicht schneefrei oder eisfrei beantragen, Papa? So wie hitzefrei im Sommer?«, fragte der eine Jott.

»Genau!«, sagte der andere. »Du kennst doch unsere Rektorin. Und den Bürgermeister. Und den Hausmeister. Und die …«

Jetzt wurde es Papa zu viel. »Ich beantrage vor allem eins. Und zwar hier und jetzt. Keine Diskussionen, bevor ich nicht die erste Tasse Kaffee getrunken habe.«

Von Biorhythmus hatte ich keine Ahnung. Deshalb hielt ich mich raus. Ich wusste nur, dass ich noch schrecklich müde war.

Das änderte sich jedoch schlagartig, als ich kaum eine Viertelstunde später über den verschneiten Schulhof lief.

Pflock!

»Aua!«

Ein Schneeball hatte mich am Hinterkopf getroffen.

Pflock! Pflock! Pflock! Drei weitere Schneebälle folgten und trafen mich an Kopf und Rücken.

Ich fuhr herum. »Wer war das???«, brüllte ich so laut, dass ich ein bisschen vor meiner eigenen Stimme erschrak.

Ich sah ein paar Jungs, die lässig am Baum lehnten und mich angrinsten. Keiner davon war in meiner Klasse, ich kannte alle nur vom Sehen. Der Typ, der in der Mitte stand, grinste am allerfrechsten. Bestimmt war er der Anführer. Zumindest tat er so. Ich war so unterirdisch vulkanisch wütend, dass ich ohne nachzudenken auf die Jungs zustürmte.

»Ihr kommt euch wohl obercool vor, was?!«, schrie ich sie an. »Jemanden hinterrücks anzugreifen ist unfair! Und feige! Wenn ihr eine Schneeballschlacht haben wollt, dann sagt es, ihr Deppen! Dann machen wir einen Termin aus! Wenn ich Zeit habe für so Luschis, wie ihr es seid!«

Die Jungs grinsten jetzt überhaupt nicht mehr. Der Anführer wollte mich schon am Kragen packen, aber ich streckte meinen Arm aus und hob die Hand. Ansonsten bewegte ich mich kein Stück. Ich hätte gern noch weitergeschimpft, doch nun stand Frau Nöthisgut, unsere Klassenlehrerin, neben mir.

»Alles in Ordnung, Philippa?« Sie legte mir den Arm über die Schultern.

»Ich bin okay«, rief ich mit dampfendem Atem. »Aber die hier, die sind nicht okay. Ganz und gar nicht okay.«

Sie schaute auf meinen Rücken. »Aha!«, sagte sie. »Schneebälle.«

Dann baute sie sich vor den Jungs auf. Obwohl sie so dünn war wie ein Besenstiel, wirkte sie jetzt unheimlich groß und breit.

»Wart ihr das?«, fragte sie mit strenger Miene und noch strengerer Stimme. »Ihr wisst, dass Schneeballwerfen auf dem Schulhof genauso verboten ist wie andere Tätlichkeiten!«

»Ja, nee, ja also …«, druckste einer der Jungs.

»Wir wollten die doch gar nicht treffen«, fiel ihm der Anführer ins Wort. »Wir wollten nur üben. Weitwerfen. Für unser nächstes Sportfest!«, grinste er. Seine Kumpels nickten eifrig und schienen erleichtert, dass ihrem Bandenchef eine coole Ausrede eingefallen war.

»Ach so!«, sagte Frau Besenstiel und im ersten Moment dachte ich, sie würde die Ausrede akzeptieren. Ich hätte es besser wissen können, denn Frau Besenstiel, wie ich unsere Lehrerin heimlich nannte, war weder auf den Mund noch auf den Kopf gefallen.

»Ja, das hättet ihr mir doch gleich sagen können! Da kann ich euch doch weiterhelfen! Ich werde mit eurem Lehrer sprechen und ihm euren Wunsch nach mehr Übung im Weitwurf mitteilen.«

Frau Besenstiel hatte wirklich Talent zur Schauspielerin. Hochachtung!

»Wie ihr vielleicht wisst«, fuhr sie fort, »trainiere ich einmal die Woche nachmittags eine Leistungsgruppe in Leichtathletik. Fühlt euch herzlich eingeladen, daran teilzunehmen. Sagen wir, tja, was sagen wir denn …« Sie tippte sich mit dem Zeigefinger an die Stirn, so als würde sie überlegen. »Ja! Sagen wir einfach bis zu den nächsten Ferien!«

Den Jungs fiel die ganze Kraft aus dem Gesicht. Der Anführer trat verlegen von einem Bein aufs andere.

»Aber das ist doch gar nicht nötig. Wir üben dann einfach in unserer Freizeit«, schlug er vor.

»Ach was, seid nicht so bescheiden«, schauspielerte Frau Besenstiel weiter. »Ich tu, was ich kann, um euch euren Wunsch zu erfüllen. Ihr könnt mein Angebot wirklich gern annehmen.«

Die Schulglocke läutete und Frau Besenstiel begleitete die Jungs in ihre Klasse. Zuvor trug sie mir noch auf, ich solle in meiner Klasse Bescheid sagen, dass sie ein paar Minuten später kommen würde.

Das tat ich dann auch. Natürlich wollten alle wissen, was passiert war. Ein paar meiner Klassenkameraden hatten den Streit beobachtet, die meisten aber hatten nix mitgekriegt. Also erzählte ich. Als Frau Besenstiel schließlich das Klassenzimmer betrat, war ich gerade fertig mit meiner Geschichte.

»Danke, Philippa. Ich übernehme jetzt wieder«, sagte Frau Besenstiel und zeigte auf meinen Platz neben Inga. »Packt bitte eure Deutschhefte aus.«

Frau Besenstiel war echt nett. Und mir machte es mit einem Mal gar nichts mehr aus, dass sie immer Philippa zu mir sagte und nicht Pippa, wie alle anderen Leute, die mich kannten.

»Du warst so mutig!«, flüsterte mir Inga ins Ohr. »Voll krass!«

Ich sagte ihr nicht, dass meine Knie immer noch ein bisschen weich waren. Ich sagte nur: »Ich hab ja auch einen Angstwegradierer zu Hause.«

Bevor Inga fragen konnte, was ich damit meinte, hörten wir Frau Besenstiel sagen: »Wir schreiben ein Diktat.«

Meine Aktion war auch später zu Hause Gesprächsthema Nummer eins.

»Wir haben alles gesehen!«, sagte der eine Jott.

»Und gehört«, sagte der andere.

Als Pillepalle das mitkriegte, machte er die typische Kopfnusshandbewegung. Die Jottjotts duckten sich schnell.

»Und warum habt ihr Pippa dann nicht geholfen? Hä? Wohl auch feige, was?« Seine Hand holte Schwung.

»Keine Gewalt gegen Jüngere!«, rief der eine Jott.

»Sonst musst du ins Anti-Aggressionstraining«, rief der andere Jott hinterher. »Das ist …«

»Blablabla. Rhabarberrhabarberrhabarber«, fiel Pillepalle den Zwillingen ins Wort und ließ die Hand sinken. »Wer hier Training braucht, seid ihr. Wenn ihr weiter so schisserig seid, könnt ihr bei Pippa in den Grundkurs gehen. Die traut sich nämlich was.«

Er grinste mich an und hob seine Hand zum Abklatschen.

Ich war mächtig stolz auf Pillepalle und darauf, dass er mich beschützt hat. Auch dass ich dieses Mal keinen Schluckauf bekommen hatte, wie sonst, wenn ich aufgeregt bin. Auch der war wegradiert.

Die Schneeballjungs gingen ab jetzt regelmäßig zum Training bei Frau Besenstiel. In den ersten Tagen nach der Wurfattacke guckten sie zwar manchmal böse, wenn wir uns auf dem Schulhof begegneten, aber sie maulten mich nicht an.

Einmal hörte ich sogar, wie der Anführer in der Pause vor anderen damit angab, jetzt in der Leistungsgruppe Leichtathletik zu sein.

Auch die Jottjotts hielten sich in den nächsten Wochen zurück. Und wenn sie doch anfingen, mich zu ärgern, zog ich einfach das Gutscheinheft aus der Tasche und löste einen der Gutscheine für »Nichtärgern« ein.

Außerdem gewöhnte ich mir an, Emilia jeden Abend vor dem Schlafengehen etwas vorzulesen. Sie konnte gar nicht genug davon kriegen. Wenn ich las, kuschelte sie sich eng an mich und machte keinen Mucks, bis ich fertig war. Die Bücher, die ich mir zu Weihnachten ausgesucht hatte, waren deshalb schnell ausgelesen.

»Wir brauchen neues Lesefutter«, sagte Emilia eines Abends, als wir mit dem letzten Buch fertig waren. Am nächsten Tag durchstöberte ich die Regale meiner Brüder, fand aber nur Bücher, die ich entweder schon kannte oder die mich nicht interessierten. Schließlich schlug mir Papa vor, in den Regalen im Wohnzimmer nachzuschauen. Er zeigte mir, wo die Bücher standen, die er als Kind gelesen hatte. Daneben standen die aus Mamas Kinderzeit.

Ich hatte gar nicht gewusst, dass sie die bis heute aufgehoben hatten. Mir vorzustellen, dass meine Eltern selbst mal Kinder waren und Kinderbücher gelesen hatten, war ziemlich merkwürdig. Vielleicht hatten sie noch Kinderfotos von sich? Ich würde sie irgendwann mal danach fragen.

Buch für Buch nahm ich aus dem Regal, blätterte darin, las, was auf der Rückseite stand. Es war nicht leicht, mich zu entscheiden.

»Mama, was war dein Lieblingsbuch, als du so alt warst wie ich?«, fragte ich sie deshalb.

Ohne überlegen zu müssen, gab sie mir *Der geheime Garten*.

Emilia und ich mochten es total gern. Von der ersten bis zur letzten Seite. Manchmal war es lustig, manchmal traurig, aber immer spannend. Obwohl die Geschichte schon vor über 100 Jahren geschrieben worden war und in England spielte. Am Ende waren Emilia und ich uns einig, dass wir später auch einmal einen geheimen Garten haben wollten.

Wegen der Gerechtigkeit fragte ich anschließend Papa nach seinem Lieblingsbuch. Er gab mir ein Buch, das noch älter war als das vorherige. Vor fast 150 Jahren hat es ein Mann geschrieben, der Jules Verne hieß.

Die Reise zum Mittelpunkt der Erde las ich auf dem Buchdeckel.

Ich schaute Papa an, der neben mir auf dem Fußboden saß. »Gerade war ich noch in England in einem geheimen Garten und jetzt soll ich schon zum Mittelpunkt der Erde reisen?«

»Das ist doch das Schöne an Büchern«, antwortete Papa. »Du kannst mit ihnen reisen, wohin du willst und wann du willst. Egal, in welche Zeit. In die Vergangenheit, die Gegenwart oder die Zukunft. Du lernst Leute kennen, die du sonst nie kennenlernen würdest. Alles das steckt zwischen zwei Buchdeckeln.«

Ich dachte daran, dass Papa gern Krimis las. Zur Entspannung, wie er sagte. Er reiste also gern zu Verbrechern. Diese Leute würde er hoffentlich sonst auch nie kennenlernen.

Mit dem Buch unter dem Arm ging ich in mein Zimmer. Als ich es Emilia zeigte, sprang sie begeistert hoch. »Das kenn ich, das kenn ich!«, rief sie. »Das hat mir Oma Dotti schon mal vorgelesen!«

Ich war enttäuscht. »Dann soll ich es dir also nicht mehr vorlesen?«

»Doch! Na klar! Ich will die ganze Geschichte noch einmal hören!« Sie sprang vom Schreibtisch aufs Bett. »Komm, fang an!«

Ich setzte mich zu ihr und begann zu lesen. Erst etwas holprig, weil die Sprache so altmodisch war, aber nach ein paar Seiten hatte ich mich daran gewöhnt und fand die Geschichte interessant. Es geht darin um einen alten Professor, der ein Papier mit geheimen Schriftzeichen entdeckt. Er kann die Zeichen nicht entschlüsseln, aber weil er so neugierig ist, zwingt er seinen Neffen dazu, ihm zu helfen.

Ich las, bis ich an eine Stelle im Buch kam, an der mir fast das Herz stehen blieb. Da stand nämlich, dass der Eingang zum Mittelpunkt der Erde in Island im Krater eines Vulkans ist.

Emilia merkte, wie erschrocken ich war.

»Du musst keine Angst haben«, sagte sie und legte ihre winzige Hand auf meine.

»Das sagst du so einfach«, zischte ich. »Was ist, wenn die Geschichte nicht erfunden ist, sondern wenn es stimmt, das da ein Loch ist, von wo aus es in die Mitte der Erde geht?!«

Aber Emilia winkte nur ab. »Papperlapapp, Pippalapipp. Wir gehen da einfach nicht hin, wenn du nicht magst.«

Das beruhigte mich wenig. »Und was ist, wenn mein Papa da hin will und wir mitkommen müssen? Das ist schließlich sein Lieblingskinderbuch. Bestimmt will er da hin. Ja, ganz sicher. Ich kenn doch meinen Papa!«

Ich knallte das Buch mit Karacho zu, so als könnte ich damit verhindern, dass das, was darin stand, mir noch mehr Angst machte.

»Hey, beruhig dich!«, sagte Emilia und stand auf. »Ich kenn jede Menge Elfen, die unter der Erde wohnen und arbeiten. Wir können uns also gar nicht verirren. Die zeigen uns bestimmt den Weg zurück. Wir müssen natürlich nett zu ihnen sein. Wenn wir nicht nett sind, dann schicken sie uns vielleicht in die falsche Richtung. Dorthin, wo es heiß ist wie die Hölle.«

Ich blitzte Emilia böse an. »Was du erzählst, beruhigt mich überhaupt nicht.«

Emilia setzte sich laut schnaufend auf meine ausgestreckten Beine und schaute mich mit schiefgelegtem Kopf an. »Willst du was über die Elfen unter der Erde wissen?«

In ihren Augen funkelte ein Feuer, das ich schon kannte. Dasselbe Feuer hatte ich gesehen, als sie mir von den Regenbogenfamilien, den Längs-, Quer- und Kreiswinden und dem Aschemonster erzählt hatte.

»Wenn ich es richtig sehe, werde ich dich sowieso nicht davon abhalten können«, sagte ich und klemmte mir ein Kissen hinter den Rücken, um es bequemer zu haben.

Emilia legte sich mit dem Bauch auf eins der kleinen Kissen und stützte die Arme auf. »Das siehst du wohl richtig«, antwortete sie mit einem schelmischen Grinsen. »Also gut. Es war so: Vor langer, langer Zeit lebte eine kleine Elfe bei einer Bauernfamilie. Deren Eltern waren gestorben, als sie noch ganz klein war. Die Bäuerin war eine kluge und gutherzige Frau, die Elfen gerne mochte. Als sie die weinende kleine Elfe im Kuhstall auf einem Strohballen sitzen sah, hatte sie Mitleid mit ihr. Sie versprach ihr, dass sie für immer im Kuhstall bleiben könnte und dass sie für sie sorgen würde. Sie stellte nur eine Bedingung: Ihr Mann, der Bauer, dürfte davon nichts erfahren. Vor ihm müsste sie sich immer verstecken. Die kleine Elfe war froh, dass sie nun ein Zuhause hatte und jemanden, der sich um sie kümmern wollte. Morgens, wenn die Bäuerin kam, um die Kühe zu melken, durfte die kleine Elfe die letzten Tropfen der frischen Milch aufschlecken. Nachmittags brachte ihr die Bäuerin ein paar Kanten von süßem Brot und am Abend frische oder getrocknete Blaubeeren und ein Schälchen Quark. Die kleine Elfe hatte ein schönes, wenn auch ein einsames Leben. Doch eines Tages, es war schon Winter geworden, bemerkte die kleine Elfe nicht, wie der Bauer in den Kuhstall kam. Als er das kleine Wesen entdeckte, brüllte er so laut, dass den Kühen vor Schreck augenblicklich die Milch in den Eutern sauer wurde. Mit einem Besen jagte der griesgrämige Bauer die Elfe vom Hof, und sie musste in die kalte, dunkle Nacht flüchten. Ohne Ziel rannte sie mal nach links, mal nach rechts, mal geradeaus, aber nie zurück. Fast drohte sie schon im tiefen Schnee zu versinken, als sie plötzlich vor einem kleinen Haus stand, in dem kein Mensch Platz gehabt hätte. Neugierig schaute sie durchs Fenster und sah einen langen Tisch, um den mindestens 20, wenn nicht gar 100 Elfen saßen. Sie nahm allen Mut zusammen und klopfte an die Tür, die ihr sogleich geöffnet wurde. Die Elfen baten sie herein und ließen sie mit sich am Tisch sitzen. Nach einem kräftigen Schluck Krähenbeerensaft erzählte sie, was ihr geschehen war. Die 20 oder 100 Elfen waren so empört, dass sie sofort Rache schworen. Ein Becher nach dem anderen wurde geleert und es wurde hitzig geredet, debattiert und diskutiert bis zum frühen Morgen. Dann hatten sich die kleine Elfe und die 20 oder 100 Elfen auf einen Plan geeinigt. Gemeinsam verließen sie, mit allerlei Handwerkszeug bewaffnet, das Haus. Da es Winter war und es auch deshalb erst am Mittag für wenige Stunden hell werden würde, konnten sie ihrem Ziel entgegengehen, ohne Angst zu haben, von Menschen entdeckt zu werden. Kaum am Hof des griesgrämigen Bauern angekommen, holten sie Schaufeln aus ihren Rucksäcken und gruben in Windeseile ein Loch in die Erde, in dem eine nach der anderen verschwand. Doch auch unter der Erde arbeiteten sie fleißig und ohne Unterlass weiter, und als es Mittag und hell wurde, kam der Bauer aus seinem Haus und wunderte sich über das große Loch in der Mitte des Hofs. Erstaunt schaute

er hinein und genau in diesem Moment sprudelte heißes Wasser von unten nach oben. Es dampfte und blubberte und, was noch schlimmer war, es roch ganz fürchterlich nach Pups. Denn die Elfen hatten in kürzester Zeit eine riesige unterirdische Pupsmaschine gebaut, um dem Bauern eins auszuwischen. In der ersten Zeit pupsten die Elfen noch selbst in die Maschine, aber dann fanden sie heraus, welche Zutaten man unter der Erde ins Wasser mischen musste, damit es ordentlich stinkt. Seit dieser Zeit gibt es diese unterirdische Pupsmaschine. Und immer, wenn sich die Elfen über einen garstigen oder grantigen Menschen ärgern, dann bohren sie einfach ein neues Loch. Im ganzen Land gibt es diese Löcher mit warmem oder heißem Wasser drin. Und die Pupsmaschine funktioniert natürlich immer noch.«

Emilia stand auf und strich sich ihr Kleid glatt, und in diesem Moment kam es mir vor, als würde ich aus einem Traum aufwachen.

»Ach, Emilia. Das kann doch gar nicht stimmen. Das hast du dir doch alles ausgedacht.«

»Doch, stimmt wohl«, antwortete sie beleidigt.

»Dass die Elfen dem Bauern einen Streich spielen wollten, das kann ich verstehen«, erwiderte ich. »Aber der Bäuerin wollten sie bestimmt nichts Böses. Du hast selbst gesagt, dass sie eine gutherzige Frau war. Sie hat sich ja auch um die kleine Elfe gekümmert.«

Emilia nickte. »Und ich habe auch gesagt, dass sie eine kluge Frau war. Sie hat nämlich gleich gemerkt, dass sie nun immer warmes Wasser zum Baden hatte, ohne es zuvor mühsam aufwärmen zu müssen. Und sie fand heraus, dass es herrlich entspannend war, darin zu liegen.«

Emilia sprang vom Bett und ging zur Tür.

»Gehen wir jetzt auch baden?«, fragte sie.

»In Ordnung«, sagte ich. »Aber nur, wenn du nicht ins Badewasser pupst.«

Neun

Reisefieberbauchkribbeln

Emilia pupste nicht ins Badewasser. Obwohl mir die Jottjotts erklärten, das gäbe tolle Blubberblasen und würde noch viel lauter sein und wichtiger klingen, als in die Luft zu pupsen.

Dafür entdeckten Emilia und ich, dass man in der Badewanne gut lesen kann. Jeden Abend schlossen wir uns deshalb ins Badezimmer ein, und ich las so lange vor, bis die Zehen runzelig wurden. Als Ablage für das Buch diente ein altes

Holzbrett, das ich quer über die Wanne legte. »Hot Pot Vorlesungen« nannten wir unser neues Hobby und Emilia meinte, das würde mich auf unsere Reise einstimmen.

»Heute Mittag sollten wir packen!«, sagte Mama freitags morgens. »Wenn etwas fehlt, haben wir noch Zeit, es zu besorgen.«

Ich kriegte nur einen klitzekleinen Schreck, als mir klar wurde, dass uns nur noch das Wochenende bis zur Abreise blieb. Emilia hatte gute Arbeit geleistet und meine Angst fast wegradiert.

Am Montagmorgen war es so weit. Mama hatte ein Großraumtaxi bestellt, das uns zum Flughafen bringen sollte. Zuvor holten wir noch Oma Dotti ab, die mitsamt ihrem Koffer in der Eingangshalle auf uns wartete. Ihre roten Bäckchen leuchteten mir schon von weitem entgegen.

»Bist du aufgeregt?«, fragte ich sie.

»Na klar bin ich das«, sagte sie. »Ich kann es kaum abwarten, dass es endlich losgeht!«

Oma Dotti hatte sich extra hübsch gemacht. Sie hatte eine dunkelblaue Jacke an und einen weißen Wollschal. Auf dem Kopf trug sie ein schickes schiefes Hütchen, ihre Hände steckten in roten Sporthandschuhen. Damit gab sie ihrem Rollstuhl einen ordentlichen Schubs. Die automatische Tür öffnete sich, sie sauste in einem Affenzahn die Rollstuhlrampe runter und bremste kurz vor der geöffneten Seitentür des Taxis mit einer rasanten Vierteldrehung. Papa, der sie hatte schieben wollen, jagte nun mit ihrem Koffer in der Hand hinter ihr her. Der Taxifahrer staunte nicht schlecht. »Je oller, je doller«, grinste er voller Bewunderung für unsere Sportskanone auf zwei Rädern. Schnell verstaute Papa den Koffer und half Oma Dotti vom Rollstuhl in den Sitz.

Als der Wagen losfuhr, begann es zu regnen. Der Fahrtwind blies die Regentropfen schräg über die Scheibe. Verschwommen sah ich die Landschaft an uns vorbeiziehen. Oma Dotti saß mit Emilia neben mir, ich hielt den rotweißgepunkteten Koffer, in dem sich die Katze Zimtundzucker versteckte, fest an mich gepresst. Zuerst hatte ich gedacht, wir könnten sie nicht mitnehmen, aber Emilia hatte mir erklärt, dass eine reinrassige Elfenkatze wie sie sich genauso verwandeln konnte wie eine Elfe. Sie sah dann aus wie eine ganz normale Spielzeugkatze. Ich konnte nur hoffen, dass es stimmte.

Wieder Reisefieberbauchkribbeln.

»Wir sind gut in der Zeit«, hörte ich Mama sagen, als das Flughafengebäude in Sicht kam. Es würde noch Stunden dauern, bis wir einsteigen konnten. Zuvor mussten wir unser Gepäck aufgeben, damit es ins Flugzeug gebracht werden konnte. Ich war froh, dass wir noch Zeit hatten, uns den Flughafen anzuschauen.

Das Taxi hielt auf einem Parkplatz mit Rollstuhlschild, direkt vor einem der Eingänge. Nachdem wir das Gepäck ausgeladen und auf einem Gepäckwagen aufgetürmt hatten, half Papa Oma Dotti wieder aus dem Sitz. Genauso wie schon beim Einsteigen, schlang sie ihre Arme um seinen Hals und er seine um ihre Hüften. Als er sie hochhob, drückte sie ihm schnell ein Küsschen auf die Wange. Papa guckte verdutzt.

Oma Dotti lachte. »Ich musste einfach die Gelegenheit nutzen, einmal einen jungen hübschen Mann zu küssen!« Da musste auch Papa lachen.

»Mama, Mama! Den Papa hat 'ne andere Frau geknutscht!«, rief einer der Jottjotts.

»Genau!«, rief der andere und deutete auf die beiden.

»Petze!«, grinste Papa und setzte Oma Dotti vorsichtig in den Rollstuhl.

»Oma Dotti darf das«, gab Mama ungerührt zurück und bezahlte die Taxifahrt mit einem großen Geldschein.

»Ihr seid vielleicht eine verrückte Familie«, sagte der Taxifahrer. »Über euch müsste mal einer ein Buch schreiben.«

»Stimmt!«, sagte ich und dachte mir meinen Teil. Wenn der wüsste!

Wir verabschiedeten uns vom Taxifahrer und gingen in die Eingangshalle. Wow! Die war vielleicht groß! Und hoch! Viel höher als unser Haus. Und viel größer als unsere Schule. Überall hingen Hinweisschilder. Wo ging es in die nächste Halle? Wo war das Klo? Wir sahen lange Reihen mit Schaltern, hinter denen uniformierte Frauen und Männer saßen. Davor standen Leute an, um ihre Koffer abzugeben.

»Da lang!«, sagte Mama, die als Erste das Schild der Fluglinie gefunden hatte, mit der wir fliegen würden. Wir rollerten hin und reihten uns ein in die Schlange der Koffermenschen. Als wir dran waren, gab Mama unsere Reiseunterlagen ab und stellte den ersten Koffer auf eine Waage. Nach dem Wiegen bekam er ein Schildchen und tuckerte auf dem Transportband weg. Nachdem der letzte der sieben Koffer verschwunden war, wünschte uns die Frau von der Fluggesellschaft eine gute Reise.

Als ich das hörte, kriegte ich wieder Reisefieberbauchkribbeln.

Oma Dotti merkte es und sagte: »Los, ich lade euch alle zu einem Saft ein. Das verkürzt uns die Wartezeit.«

Wir gingen zu einem Stand, an dem man sich frischen Obstsaft pressen lassen konnte, und jeder suchte sich etwas anderes von der Karte aus. Mit unseren Bechern liefen wir zur Aussichtsplattform und schauten uns startende und landende Maschinen an.

Meine Brüder waren total begeistert und Pillepalle wusste sogar etwas über die unterschiedlichen Flugzeuge zu erzählen. Er interessierte sich für alles, was einen Motor hatte. Vielleicht würde er doch lieber Pilot und nicht Rennfahrer werden, teilte er uns mit.

»Du kannst später mal werden, was du willst«, sagte Mama. »Hauptsache, du bist glücklich damit.« Sie strich Pillepalle über die Haare und handelte sich deswegen gleich Ärger ein.

»Lass das!«, zischte er und sprang einen Schritt zur Seite. »Das ist baby!«

Er funkelte Mama böse an.

»Wir werden auch Piloten«, beendete einer der Jotts das, was mal ein Streit hätte werden können.

»Pilot und Kopilot«, sagte der andere.

»Und wir wechseln uns jeden Tag ab. Einmal darf der eine ans Steuer, einmal der andere.«

Zufrieden grinsten sie sich an.

Ich war froh, dass mich keiner fragte, welchen Beruf ich mal lernen wollte. Es waren so viele, die mir gefallen würden. Meine Brüder hätten mich bestimmt ausgelacht, wenn ich alle aufgezählt hätte.

»Oh, es wird Zeit«, sagte Mama mit Blick auf die Uhr. »Wir müssen noch zum Check-In wegen Oma Dotti und dem Rollstuhl.«

Check-In? Was war denn das schon wieder?

Ich hatte leider keine Zeit zu fragen, denn Mama setzte sich schon in Bewegung, und wir folgten ihr im Gänsemarsch. Sie lotste uns mit zielsicheren Schritten durch lange Gänge und um viele Kurven, bis wir schließlich am richtigen Schalter landeten. Dort wartete bereits ein Mann in Uniform. Er begrüßte uns auf Deutsch. Oma Dotti gab er die Hand und sagte etwas in einer Sprache, die ich noch nie gehört hatte.

Oje, daran hatte ich ja überhaupt nicht mehr gedacht! In Island sprach man ja ganz anders als bei uns! Das Reisefieberbauchkribbeln meldete sich wieder. Was wäre, wenn ich dort verlorenginge? Würde ich alleine wieder ins Hostel finden? Ich mochte gar nicht drüber nachdenken. Ich versuchte, mich an den Griffen vom Rollstuhl festzuhalten, aber der Mann von der Fluggesellschaft erklärte mir, dass er Oma Dotti schieben würde. Jetzt war er es, der unsere Truppe anführte. Er brachte uns zur Sicherheitsüberprüfung, wo wir und unser Handgepäck einzeln durchleuchtet wurden. Bei Pillepalle piepste es, als er durch diesen komischen Torbogen ging. Er hatte vergessen, seinen Gürtel aus der Hose zu ziehen. Der hatte nämlich eine Metallschnalle und Metall piepst eben.

»Muss das sein?!«, motzte er. »Da fällt mir ja die Hose runter. Und ich habe keine Lust, hier nackt in der Gegend rumzustehen.«

Das sagte er nur leise zu Papa, der Sicherheitsmann konnte ihn nicht hören. Aber schlussendlich tat er, was Vorschrift war. Mir war Pillepalles Gürtel herzlich egal. Ich hatte Sorge um Emilia und die Katze Zimtundzucker im rotweißgepunkteten Koffer. Beide mussten nämlich auch in eine der grauen Plastikkisten und darin auf das Laufband, das durch den Durchleuchtungsapparat fuhr. Was wäre, wenn die Strahlen, die für das Gucken durch Taschen und kleinen Koffern gebraucht wurden, lebende Elfen und Elfenkatzen verwandelten? In Monster zum Beispiel. Oder in Zombies?

Mit Adleraugen beobachtete ich, wie die Plastikkiste im Dunkel der Maschine verschwand, und stellte erleichtert fest, dass Emilia, als sie auf der anderen Seite wieder rauskam, genauso aussah wie immer. Vielleicht ein bisschen zorniger als sonst. Ich nahm sie sofort auf den Arm.

»So was Idiotisches! Ich bin doch kein Gepäckstück!«, raunte sie mir ins Ohr.

»Aber du bist auch kein Monster oder Zombie geworden«, versuchte ich sie flüsterleise zu beruhigen. Ich hoffte, niemand hatte unser Gespräch mitgehört.

»Kommst du?!« Mama legte ihren Arm um meine Schultern und schob mich vorwärts. Der Mann von der Fluggesellschaft fuhr Oma Dotti mit schnellen Schritten den Gang entlang, und wir Gänse mussten uns beeilen, hinterherzumarschieren. Er brachte uns zum Flugsteig, wo schon viele andere Leute warteten. Davon fummelten mehr als die Hälfte an ihren Handys und Klapprechnern rum oder starrten hinein. Was da wohl drin steht, das interessanter ist als das richtige Leben? Wenn die immer nur auf ihre Bildschirme gucken, kriegen sie doch gar nichts mit von ihrer Reise, dachte ich. Sogar am Flughafen gab es schon so viel zu sehen. Stattdessen hingen sie cool in den Wartesesseln rum und glotzten in einen viereckigen Kasten. Aber zu Hause verbieten sie ihren Kindern zu viel Fernsehgucken. Mit meinen zehn Jahren konnte ich mir das, was Erwachsene machten, nicht immer erklären. Sie sind manchmal total unlogisch.

Oma Dotti stand wieder vor einem Schalter, und der Mann, der sie geschoben hatte, redete mit einer Frau, die dahinter saß. Dann drehte er sich zu uns um und winkte uns heran.

»Wir können jetzt boarden«, sagte er.

Weil Oma Dotti im Rollstuhl saß und wir ihre Begleiter waren, durften wir als Erste ins Flugzeug gehen. Oma Dotti kriegte einen Platz im Flur, ich durfte ans Fenster und Mama setzte sich zwischen uns. Meine drei Brüder stritten sich um zwei Fensterplätze, und Papa musste schlichten.

Dann kamen die anderen Passagiere. Als jeder seinen Platz gefunden, sein Handgepäck verstaut und sich angeschnallt hatte, rollte die Maschine langsam auf die Startbahn. Ich spürte die Vibration der Motoren über die Sitzfläche und drückte Emilia fest an mich. Wenig später wurde das Dröhnen noch lauter und prickelte im ganzen Körper. Das flaue Gefühl im Magen war schnell weg, als ich sah, wie wir uns langsam vom Boden entfernten. Je kleiner alles da unten wurde, umso größer fühlte ich mich. Das war ein schönes Gefühl. Ich kannte es bisher nicht.

Und neue Gefühle sind beim allerersten Mal am größten.

Irgendwann waren keine Menschen, Felder, Wiesen, Autos und Straßen mehr zu sehen. Es gab keine Bodennatur mehr. Nur noch Himmelsnatur. Wolken und Helligkeit.

Wenn ich eine Sammlung von Lieblingsgefühlen anlegen wollte, würde das Über-den-Wolken-schweben-Gefühl unbedingt dazugehören.

Dann kam eine Lautsprecheransage. Der Pilot begrüßte uns und sagte auch, dass wir unsere Flughöhe von 8000 Metern, also 26 000 Fuß, erreicht hätten.

Fuß? Hatte ich richtig gehört? Ich stupste Mama an. »Wie wollen die denn 26 000 Füße übereinanderstapeln, um unsere Flughöhe zu messen?«, flüsterte ich ihr ins Ohr.

Mama legte ihr Buch zur Seite und erklärte mir, dass man früher, als die Kilometer, Meter und Zentimeter noch nicht erfunden waren, anders gemessen wurde. In manchen Ländern gäbe es diese Maße noch immer. Fuß oder Foot. Und Inch. Sie zählte noch ein paar andere auf, aber ich hörte gar nicht mehr zu. Mir reichte schon die Rechnerei mit allem, was mit Metern zu tun hatte. Außerdem hatten wir Ferien. Und da rechne ich nicht. Höchstens, wenn es um mein Taschengeld geht.

Bei dem Gedanken an Taschengeld kam mir eine Frage in den Sinn.

»Mama? Haben die Leute in Island eigentlich anderes Geld als wir?«

»Ja, die haben keine Euros, die haben Kronen.«

»Kronen?!«

Mama nickte, schaute wieder in ihr Buch und ließ mich mit den Bildern in meinem Kopf allein. Zuerst hatte ich mir 26 000 übereinandergestapelte Füße vorgestellt, und jetzt sah ich Isländer vor mir, die mit den goldenen Kronen auf ihren Köpfen in der Bäckerei ihre Frühstücksbrötchen bezahlten und am Ende des Monats einen Sack voll mit Edelstein besetzten Kronen als Lohn für ihre Arbeit bekämen. Ob die Leute auch wie Könige und Königinnen angezogen waren? Und die Kinder wie Prinzen und Prinzessinnen?

Ich kicherte leise vor mich hin.

»Was ist so lustig?«, fragte Mama sofort.

»Ach nichts, Königin Mutter«, antwortete ich und giggelte weiter. »Ich freue mich nur. Das wird bestimmt eine lustige Reise.«

Ich schaute an Mama vorbei zu Oma Dotti. Die hatte sich ihre Kopfhörer aufgesetzt und wackelte mit dem Kopf hin und her. Bestimmt hörte sie wieder Rock 'n' Roll, ihre Lieblingsmusik.

Ja, bestimmt würde es eine lustige Reise werden.

Ich holte das noch leere rotweißgepunktete Buch aus meiner Tasche und fing an aufzuschreiben, was wir bisher erlebt hatten.

Dabei muss ich wohl die Lautsprecheransage des Piloten überhört haben, merkte aber plötzlich, dass das Flugzeug nicht mehr geradeaus flog, sondern auf die Erde zusteuerte. Ich schaute aus dem Fenster. Wir waren jetzt nicht mehr über den Wolken, und ich konnte sogar schon das Meer sehen. Und wenig später auch Land.

Reisefieberbauchkribbeln.

Dann ging alles schnell. Ich sah den Flughafen, der Flieger richtete seine Nasenspitze darauf aus, wenig später sah ich die Landebahn, und nur wenige Pulsschläge später setzte die Maschine auf. Sie bremste und rollte langsam weiter. Schließlich blieb sie stehen. Die anderen Leute holten ihr Gepäck aus den Fächern über den Sitzen. Wir warteten, bis alle ausgestiegen waren. Dann erst sollte Oma Dotti mit uns zusammen das Flugzeug verlassen. Das war so ausgemacht.

Als dann Papa Oma Dotti wieder aus dem Sitz in den Rollstuhl heben wollte und sie schon ihre Arme um ihn gelegt hatte, sagte er: »Und wo bleibt mein Küsschen?«

Oma Dotti gab ihm zwei. »Ich hab noch mehr davon«, lachte sie.

Der eine Jottjott schaute den anderen an. »Sag nix. Die darf das.«

Der nickte nur. »Ich weiß, die darf das.«

Wir verließen das Flugzeug, gingen zur Gepäckausgabe und hievten unsere Koffer vom Laufband. Papa wollte den Mietwagen abholen, und wir anderen gänsemarschierten zu einem Bankschalter, um Euros in Kronen zu wechseln. Wieder mussten wir in einer Reihe stehen und warten. Ich war enttäuscht, dass wir doch nur normale Scheine bekamen. Auf den meisten waren alte Männer und auf einem eine alte Frau abgebildet. Die Münzen gefielen mir besser. Da waren auf der einen Seite überall Fische drauf.

Endlich konnten wir das Flughafengebäude verlassen. Ein kalter Wind wehte uns um die Nase, und ich klappte meinen Mantelkragen hoch. Viele der Leute, die mit uns geflogen waren, standen in einer Schlange und warteten auf einen Bus.

Ich schrieb in mein kleines Reisetagebuch: *Wir haben bis jetzt schon zwei Dinge gelernt: Gänsemarsch und Schlangestehen. Mal sehen, mit welchen Tieren wir noch zu tun haben werden.*

Um keins der Tiere zu vergessen, schrieb ich auf die letzte Seite die Überschrift: *Meine Liste der Tiere.*

Zehn

Gänse, Schlangen, Flöhe, Bären und heiße Hunde

»Da kommt Papa!«, freuten sich die Jottjotts lautstark und im Doppelpack.

Ich drehte mich in die Richtung, in die sie zeigten, und sah einen riesigen weißen Wagen auf uns zurollen. Papa saß hinterm Steuer und grinste, als hätte er gerade im Lotto gewonnen.

Pillepalle bestaunte das Auto, als hätte er noch nie zuvor eins gesehen.

Wir luden unsere Sachen ein und stritten uns darum, wer wo sitzen durfte. »Ich fahre, und Oma Dotti sitzt neben mir«, bestimmte Papa. »Der Rest ist mir egal.«

Ich setzte mich mit Emilia schnell hinter Papa, klammerte mich an seine Kopfstütze, damit mich meine Brüder nicht wegziehen konnten, und wartete auf das Ende des Streits.

»Wenn wir noch vor Einbruch der Dunkelheit ankommen wollen, dann solltet ihr euch jetzt entscheiden, wer wo sitzt«, sagte Papa und ließ den Motor an.

Und – *schwupps* – saßen die drei.

Mama nahm kopfschüttelnd den letzten freien Platz. »Ihr seid schlimmer als ein Sack Flöhe!«, knurrte sie kopfschüttelnd.

Ich fragte mich, woher Mama wissen wollte, wie schlimm ein Sack Flöhe sein kann. Ich sagte nichts, schrieb aber in mein Reisetagebuch:

Wir reisen mit sieben Koffern und einem Sack Flöhe.

In die Liste der Tiere schrieb ich:

Gänse, Schlangen, Flöhe.

Papa fuhr los. Bald sahen wir ein Schild, auf dem *Reykjavík* stand. Dort wollten wir hin.

Auf der großen Straße waren nur wenige Autos unterwegs. Der Himmel war grau, die Landschaft war auch grau. Es waren keine Bäume zu sehen und nur wenige Häuser.

»Das ist ja eine schöne Ödnis«, sagte Pillepalle enttäuscht.

»Ja, schön! Finde ich auch«, rief Oma Dotti vom Beifahrersitz aus nach hinten.

Ich kicherte. Bestimmt hatte Oma Dotti nur das Wort ›schön‹ verstanden. So richtig toll fand ich es allerdings auch nicht. Ganz anders als auf den Fotos, die wir uns angeschaut hatten.

Nach einer Dreiviertelstunde erreichten wir die Hauptstadt Reykjavík, die schon sehr viel bunter war als das, was wir vorher gesehen hatten. Wenig später hielt Papa vor einem Gebäude.

»So. Da sind wir! Hier ist unser Hostel«, sagte er und stieg aus. Sofort platzten Mama und meine Brüder aus dem Wagen.

Dieses Mal half Mama Oma Dotti in ihren Rollstuhl. Ob es ihr doch zu viele Küsschen waren, die Papa von Oma Dotti bekommen hatte?

Ich blieb noch sitzen, weil Emilia plötzlich

angefangen hatte, auf meinen Beinen auf und ab zu hüpfen.

»Bist du still!«, befahl ich ihr streng, aber leise.

»Das ist die Freude! Die reine Freude!«, flüsterte sie zurück.

»Du musst noch ein bisschen still sein!«, gab ich ihr zu verstehen. »Später können wir reden.«

Ich folgte den anderen in die Eingangshalle des Hostels. Als Oma Dotti eine ältere Dame sah, die in einem Sessel saß und Zeitung las, sprintete sie los.

»Von Null auf Hundert in sieben Sekunden!«, kommentierte Pillepalle mit einem Ausdruck voller Bewunderung. »Und das alles ohne Motor.«

Die ältere Dame sprang auf und lief Oma Dotti mit kleinen Trippelschrittchen entgegen. Es folgte eine lange Umarmung und dann hörten wir ein Gequieke und Gequake in einer Sprache, die wir nicht verstanden.

»So reden sie eben, die Wikinger!«, sagte der eine Jott.

»Und die Wikingerfrauen auch«, sagte der andere.

Nachdem die beiden fertig mit Quieken und Quaken waren, stellte uns Oma Dotti ihrer Freundin vor, bei der sie wohnen würde. Sie hieß Helga, hatte blonde Haare und viele Sommersprossen im Gesicht. Am besten aber war ihr lustiges Lachen. Für das brauchte man keine Übersetzung. Man verstand es auch so. Aber Helga konnte nicht nur international lachen und Wikingerisch sprechen, sie konnte auch sehr gut Englisch. Und sie lud uns ein, sie am nächsten Tag zum Kaffeetrinken zu besuchen.

Oma Dotti hielt den Griff ihres vierrädrigen Koffers fest und Helga schob den Rollstuhl nach draußen.

Mama sagte an der Rezeption Bescheid, dass wir angekommen waren, und bekam den Zimmerschlüssel.

Unser Zimmer hatte sechs Betten. Die ganze Familie in einem Zimmer? Das hatte ich ja völlig vergessen! Oje, wo wäre denn ein Platz, wo ich ungestört mit Emilia reden konnte? Im Badezimmer? Draußen auf dem Flur? Vor dem Hostel? Aber ich hatte keine Zeit, mir eine Lösung zu überlegen.

»Boah! Jetzt habe ich aber einen Bärenhunger!«, sagte Papa, während er seine Kleider aus dem Koffer in den Schrank räumte.

»Wir auch!«, stimmten die Jottjotts ein.

Ich zückte schnell meinen Stift und schrieb ein neues Wort in die Liste der Tiere. Jetzt stand da:

Gänse, Schlangen, Flöhe, Bären.

Pillepalle klopfte sich auf den Bauch und tat so, als würde er hören, was der dazu zu sagen hätte. »Ich fasse es nicht! Leer. Komplett leer. Und das bei einem Jungen, der sich noch mitten im Wachstum befindet und viel Energie in Form von Nahrung braucht, um sich zu seiner vollen Größe zu entwickeln.«

Papa grinste. Er mochte es, wenn Pillepalle sich so kompliziert ausdrückte. Er war nämlich nicht nur in Mama verliebt, sondern auch in Wörter und Sätze.

»Schon gut, schon gut!«, lachte Mama und stellte den Beutel mit ihren Waschsachen ins Badezimmer. »Dann machen wir jetzt unseren ersten Erkundungsgang durch die Stadt und schauen, wo wir was zu essen kriegen.«

Und so machten wir es auch.

HOT D

Es war ziemlich kalt, und der Wind war eisig. Es war überhaupt kälter als bei uns zu Hause. Den Leuten, die wir unterwegs sahen, schien das aber nichts auszumachen. Uns kam ein Mädchen entgegen, ungefähr so alt wie ich. Sie hatte einen Rock, aber keine Strumpfhosen an und an den nackten Füßen trug sie Sandalen. Dafür war sie obenrum in einen dicken Wollpullover eingemummelt und hatte eine Fellmütze auf dem Kopf. Ich schaute Mama an und wischte mir mit der Hand vor dem Gesicht herum, um ihr zu zeigen, wie bekloppt ich das fand. Dann fiel mir ein, dass Emilia gesagt hatte, dass Elfen nicht frieren. Ob das Mädchen auch eine Elfe war?

»Die Leute sind die Kälte einfach gewohnt«, kommentierte Mama meine Handbewegung.

»Stimmt. Elfen frieren nicht«, platzte es aus mir heraus. Ich hätte mir dafür am liebsten sofort auf die Zunge gebissen.

»Aha«, sagte Mama. »Und woher weißt du das?«

Ich tat so, als müsste ich husten, damit ich Zeit zum Überlegen hatte. »Och, ich glaube, das habe ich in einem Buch gelesen«, antwortete ich schließlich.

Ich war froh, dass Mama nicht weiter nachfragte. Sie deutete stattdessen auf die gegenüberliegende Straßenseite, wo Papa und die Jungs liefen. »Komm. Wir müssen uns beeilen, damit wir den Anschluss nicht verlieren.«

Mama nahm mich an der Hand, und wir überquerten die Straße. Papa schaute in den Stadtplan und dann auf das Straßenschild.

»Da lang!« Er deutete wichtig in der Gegend rum und verschwand dann mit den Jungs im Schlepptau um die nächste Straßenecke.

»Wenn Männer Hunger haben, vergessen sie alles. Sogar, dass sie eine Familie haben«, sagte Mama. Wir hetzten den Familienvergessern hinterher, bogen um dieselbe Ecke, und da sahen wir sie. Sie standen – wie konnte es anders sein – schon wieder in einer Schlange. Vor einem kleinen Häuschen. Was auf dem roten Schild stand, konnte ich nicht verstehen, aber der Mann, der ganz vorn an der Theke war und gerade bezahlt hatte, hielt in der Hand ein helles längliches Brötchen mit einem Würstchen drin.

Wir stellten uns hinter Papa und die Jungs.

»Hier gibt es die besten Hotdogs der Stadt!

Vielleicht sogar des ganzen Landes oder der Welt«, meinte Papa, als er uns sah. »Steht zumindest im Reiseführer.« Dabei strahlte er über das ganze Gesicht.

»Was bedeutet Hotdogs?«, fragte ich zurück.

»Heiße Hunde!«, lachte Papa. »Das bedeutet heiße Hunde. Zumindest, wenn man es direkt übersetzt.«

»Was?!« Ich war entsetzt. »Heiße Hunde esse ich nicht!«

Aber Papa lachte nur. »Da sind keine Hunde drin, keine Sorge. Ist nur so 'n Wort.«

Ich holte mein Reisetagebuch aus der Tasche und schrieb das Wort in die Liste der Tiere.

Als wir dran waren, kaufte Papa zwei heiße Hunde im Brötchen für jeden von uns. Ich schaffte nur einen, den anderen nahm mir Pillepalle gern ab. Er war halt ein Junge im Wachstum, der viel Nahrung brauchte.

Als alle aufgegessen hatten, war es schon dunkel geworden. Trotzdem gingen wir nicht gleich ins Hostel, sondern machten noch einen Spaziergang durch die Straßen. Wir kamen an einen freien Platz, an dessen Rand einige Sitzbänke standen.

»Was riecht denn hier so komisch?«, fragte Pillepalle und verzog angewidert die Nase.

»Der Julius hat gepupst«, antwortete der erste Jott.

»Nö, ich war's nicht. Das war der Jannik!«, widersprach der zweite.

Mama zeigte auf zwei schmale Röhren, die aus dem Boden ragten. »Ich glaube, der Geruch kommt von da.«

Pillepalle ging zu einer der Röhren und nahm eine Nase voll Geruch. »Bäh, das ist ja wirklich vollgepupst!«, rief er.

»Ich glaube, das ist das Wasser, was von tief unter der Erde durch das Vulkangestein nach oben kommt«, meinte Mama, und Papa nickte.

Ich grinste nur still vor mich hin. Ich war bestimmt die Einzige, die wusste, was mit dem Wasser wirklich los war.

Später, als wir zurück im Hostel waren, gingen die Jottjotts als Erste ins Bad. Kaum hörten wir das Rauschen der Dusche, ging die Stänkerei über den Geruch des Wassers von vorne los. Die beiden wollten sich nicht waschen. Sie wollten sogar, dass wir uns ein neues Hostel suchten.

»Das wird nix nützen!«, rief ich so laut, dass auch die Jottjotts es hören konnten. »Das ist überall so. Im ganzen Land. Da ist nämlich eine riesengroße Pupsmaschine unter der Erde.«

Pillepalle lachte sich schlapp, und Papa bewunderte meine blühende Phantasie.

»Ist keine Phantasie«, sagte ich und drückte Emilia an mich. »Ist die reine Wahrheit.«

»Hast du das auch in einem Buch gelesen?«, wollte Mama wissen.

»So ähnlich«, versuchte ich mich rauszureden.

»Was ist denn so ähnlich wie lesen?«, äffte mich Pillepalle nach. »Gib's zu, das hat dir deine komische Puppe erzählt. Stimmt's?!«

»Ja, genau!«, sagte ich beleidigt und warf mich auf mein Bett.

»Hey, tut mir leid, Kleines«. Mein großer Bruder setzte sich auf meine Bettkante. »War doch nur Spaß. Verstehst du?«

Nein, ich verstand nicht. Ich wollte auch nicht verstehen. Und deshalb sagte ich auch nichts und bemühte mich, mein beleidigtes Gesicht noch beleidigter aussehen zu lassen.

»Sturkopf!«, brummte Pillepalle und stand auf.

»Schafkopf!«, rief ich ihm hinterher.

Er fuhr herum. »Schafkopf? Doppelkopf? Oder Mau-Mau?!«

Mein beleidigtes Gesicht zerschmolz wie Schnee unter der Höhensonne und wurde zu einem grinsenden Gesicht.

»Okay. Dann Mau-Mau«, antwortete ich.

Die Jottjotts stürmten aus dem Bad. »Ja! Wir spielen mit!«, riefen sie gleichzeitig und holten das Kartenspiel.

Wir saßen bis spät in die Nacht. Meistens gewannen die Jottjotts, aber ich war auch ein paarmal die Siegerin. Papa las im Reiseführer und machte sich Notizen. Mama zeichnete in ihren Skizzenblock, was sie heute gesehen und was ihr gut gefallen hatte. Irgendwann klappte sie ihren Block zu und sagte: »Schluss jetzt. Es ist Zeit zum Schlafengehen.«

Wir meckerten rum, dass es noch viel zu früh wäre. Das taten wir aus reiner Gewohnheit. Unsere Eltern sollten nicht denken, dass wir immer sofort machten, was sie wollten. Eigentlich waren wir aber alle hundemüde, und ich war froh, dass ich mit Emilia im Arm endlich in mein Bett kriechen konnte. Papa machte das Licht aus, und nur ein schwacher Schein der Straßenlaterne fiel ins Zimmer. Mir fielen sofort die Augen zu.

Doch es gab jemanden, der mich nicht schlafen lassen wollte. Emilia zupfte am Ärmel meines Schlafanzugs. Sie gab mir mit Handzeichen stumm zu verstehen, dass ich die Decke über meinen Kopf ziehen sollte. Ich wusste, dass sie mit mir reden wollte, und ich ahnte, dass sie schimpfen würde.

Das tat sie auch. »Du hast fast überhaupt nicht mit mir geredet!«, zischte sie leise. »Und vorgelesen hast du mir auch nichts! Das ist gemein!«

Obwohl es stockfinster unter der Bettdecke war, glaubte ich, ein zorniges Funkeln in ihren Augen zu erkennen.

»Du weißt doch, dass es nicht ging!«, gab ich leise zurück. »Ich kann doch auch nichts dafür, dass wir immer zusammen sind und sogar alle in einem Zimmer schlafen.«

Emilia schnaubte. »Das ist mir egal! Du musst einen Weg finden, wie wir allein sein können.«

»Ich werde mir etwas überlegen«, flüsterte ich.

Jetzt hielt mich Emilia mit beiden Händen am

Schlafanzugkragen fest. »Wir müssen abhauen. Nachts. Verstehst du?! Nachts!«

Ich hörte das Rascheln einer Bettdecke. Und es war nicht meine.

»Mama!«

Ich erkannte Janniks Stimme.

»Mama! Pippa spricht im Schlaf.«

Ich hörte das Rascheln einer zweiten Decke.

»Mit zwei verschiedenen Stimmen!«

Das war die Stimme von Julius. Ich erschrak und hielt Emilia schnell den Mund zu.

Elf

Yes, yes. No, no.

Am nächsten Morgen beim Frühstück wollte uns Papa seinen Plan für den Tag vorstellen. Er hatte eine Liste geschrieben, wo er überall mit uns hinfahren wollte. Es war eine lange Liste mit Vulkan und Wasserfall und allem Drum und Dran.

Doch Mama machte ihm, bevor er auch nur das Wort *Wasser* hätte sagen können, einen Strich durch die Rechnung.

»Ich fände es schöner, wenn wir uns zuerst die Stadt erobern, bevor wir raus aufs Land fahren.« Sie goss Milch über ihr Müsli. »Außerdem sind wir heute Nachmittag bei Helga und Oma Dotti zum Kaffeetrinken eingeladen.«

Mama musste noch nicht einmal Basta sagen. Wir kannten diesen Spruch und wussten, was es bedeutet, wenn Mama »eine Stadt erobern« will. Wir gehen ins Museum, Kunst angucken.

Papa seufzte. »Na gut, mein Schatz. Wie du meinst.« Er legte seine Liste zur Seite und schlug den Reiseführer auf, um nach den passenden Adressen zu suchen.

Die Jottjotts standen auf. »Will jemand eine Scheibe Toast?«, fragte der eine.

»Oder zwei?«, fragte der andere.

Pillepalle, der Junge, der sich noch mitten im Wachstum befand, reichte den beiden das leere Körbchen. »Macht voll!«

Dabei hatte er sowohl seine Backentaschen als auch den Teller voller Brot.

Die Jottjotts stürmten mit dem Körbchen los.

Man darf jetzt nicht den Fehler machen und denken, dass die beiden immer so freundlich sind und den Rest der Familie mit Essen versorgen. Das war nur hier im Hostel so. Denn es gab eine Maschine, die den Jottjotts besser gefiel als jede elektrische Kartenmischmaschine. Vorne schob man über ein Laufband seine Brotscheibe rein und hinten fiel sie geröstet wieder raus. Sie nannten das Gerät den Brotautobahntunnel. Die Zwillinge hatten so viel Spaß dabei, dem Brot beim Braunwerden zuzuschauen, dass ich mir Sorgen machte, sie würden sich sogar noch als Frühstückskellner im Hostel bewerben.

Größere Sorgen als um die Jottjotts machte ich mir jedoch um Emilia. Wie sollte ich es schaffen, mit ihr ungestört zu sprechen? Ich musste ihr unbedingt ausreden, nachts einen Ausflug zu machen. Es war völlig unmöglich, in einer fremden Stadt, in der zu allem Überfluss auch noch fremdländisch gesprochen wurde, nachts alleine spazieren zu gehen.

Die Jottjotts kamen zurück und stellten ein Körbchen voller verkohlter Brotscheiben auf den Tisch.

»Wir haben die Scheiben dreimal geröstet! Extra nur für euch!«, sagte der eine stolz.

»Das ist viel leckerer!«, sagte der andere.

»Wir haben quasi dunkles Bauernbrot daraus gemacht«, sagte der erste. »Ist fast wie Vollkornbrot.«

Wir schauten wortlos auf die schwarzen Dachziegel vor uns.

Als die zwei begriffen, dass wir nicht begeistert Beifall klatschen würden, guckten sie betreten zu Boden.

»Wir haben es doch nur gut gemeint!«, verteidigte sich Jannik.

»Na ja. Vielleicht hätten zwei Fahrten durch den Brotautobahntunnel auch gereicht«, gab Julius verschämt zu.

»Das will ich wohl meinen!«, sagte Mama und legte ihren Müslilöffel geräuschvoll auf ihrem Teller ab. »Ihr wisst, was ich von Essensvergeudung halte.«

Ihr Blick durchbohrte die Zwillinge.

Nach einer Entschuldigung und dem Versprechen, nie wieder dreifach getoastetes Brot herzustellen, trauten sich die Jottjotts für die restliche Zeit des Frühstücks nur noch Obst zu essen. Brot wollten sie keins mehr.

Stumm beendeten wir unser Frühstück und

zogen los in die Stadt. Emilia setzte ich auf meine Schultern, genauso wie Papa das mit mir gemacht hatte, als ich noch klein war. Wir trippelten Papa, der den Stadtplan in der Hand hielt, hinterher. Zuerst besuchten wir ein Museum für Fotografie. Dort hingen jede Menge großformatige Fotos, die das Land zu allen möglichen Jahreszeiten zeigten. Wir sahen auch Bilder von Vulkanen, sprudelnden heißen Quellen und Gletschern. Bei manchen strampelte Emilia heftig mit den Beinen. So heftig, dass ich sie festhalten musste. Ich nahm an, dass es Fotos von Orten waren, die sie kannte.

Mir traten Schweißperlen auf die Stirn. Was wäre, wenn Emilia gleich total ausflippen würde? Wie sollte ich sie nur beruhigen? Ich hatte eine Idee.

»Ich muss mal aufs Klo«, sagte ich zu Mama. Dort wollte ich einige Minuten allein mit Emilia reden.

»Ach, da komme ich gleich mit! Ich muss auch mal«, antwortete Mama und nahm meine Hand. »Lass uns mal schauen, wo hier die Toiletten sind.«

Enttäuscht, dass meine ach so tolle Idee nicht funktionieren würde, latschte ich lustlos hinterher.

Nach dem Besuch im Fotomuseum gingen wir in ein Museum für moderne Kunst. Mama fiel beinah in Ohnmacht vor lauter Vergnügen. Ihr gefiel einfach alles. Das Gebäude, die Gemälde, die Skulpturen. Ich fand es auch schön. Aber nur eine halbe Stunde lang. Meinen Brüdern ging es genauso. Papa erlaubte uns deshalb, ins Café im ersten Stock zu gehen und uns etwas zu trinken zu kaufen. Als Pillepalle im Café durch die riesige Glasscheibe den Hafen und das Meer sah, hüpfte er vor Freude fast aus den Schuhen.

»Boah! Guckt euch das an!«, rief er und zeigte auf die Schiffe, die dort vor Anker lagen. »Der Hammer! Wir müssen unbedingt mal auf so ein Schiff gehen! Besser noch: damit fahren!« Mein Bruder kriegte sich kaum noch ein und verschüttete fast seinen Saft, als er auf die verglaste Front zustürzte.

Die Leute am Nachbartisch, ein junges Pärchen, grinsten uns an, als wir uns an den freien Tisch neben ihnen setzten.

»Do you like the sea?«, fragte der Mann.

»Yes, yes!«, nickte er. »The sea and the ships! Vor allem the ships!« Pillepalle wurde rot. »Ich meine, I mean … Ääh … I like ships more than the sea!«

Die beiden lachten. »But there were no ships if there was no water«, sagte die Frau.

Ich war mir nicht sicher, warum Pillepalle rot geworden war. Ob er sich mit seinem Englisch blamiert hatte? Und wollten die Leute jetzt einfach nur nett sein oder sogar extra-nett, weil er was Falsches gesagt hatte?

Ich versuchte mich an einem möglichst erwachsenen Gesichtsausdruck und sah hinaus aufs Meer und die Schiffe. Wenn ich die Leute nicht anschaute, würden sie mich hoffentlich auch nicht ansprechen.

Emilia zuckte wieder in meinem Arm. Ich fragte mich, wie lange ich sie noch abhalten konnte, irgendeinen Blödsinn anzustellen.

Der Mann und die Frau sprachen noch eine Weile mit Pillepalle, aber ich verstand fast nichts von dem, was sie sagten. Ich war mir auch nicht sicher, ob mein Bruder viel verstand. Er sagte verdächtig oft »yes, yes« oder »no, no«.

Die Jottjotts nickten andauernd und grinsten bis zu den Ohrläppchen, so froh waren sie, dass zwei nette junge Einheimische sich mit ihrem großen Bruder unterhielten.

Als die beiden aufstanden, um zu gehen, kramte die Frau eine Visitenkarte aus ihrer Tasche und gab sie Pillepalle.

»Maybe you and your family want to join us for a tour.«

»Yes, yes«, sagte Pillepalle. »Thank you very much.«

Die Frau und der Mann wollten zum Abschied allen die Hand geben. Dummerweise mir zuerst.

»Ladies first«, sagte die Frau und beugte sich zu mir runter.

Ich war so erstaunt, dass mir nicht mehr einfallen wollte, was »Auf Wiedersehen« oder »Tschüs« auf Englisch heißt.

»Happy Birthday«, sagte ich schnell und wusste im selben Moment, als mir diese zwei Worte aus dem Mund ploppten, dass ich das Falsche gesagt hatte. Das schadenfrohe Lachen meiner Brüder, das jetzt folgte, hätte ich zum Schämen nicht gebraucht.

Die Frau ließ sich nichts anmerken und lächelte freundlich. »Happy Birthday to you, too.«

Der Mann guckte erst mal komisch, streckte mir dann aber ebenfalls seine Hand hin. »Happy Birthday«, sagte auch er.

Zu meinen Brüdern sagten sie »bye-bye«.

Klar! Das war das Wort!

»Bye-bye«, rief ich schnell hinterher. Doch die beiden konnten mich nicht mehr hören. Mein Ruf ging im schallenden Gelächter meiner Brüder unter.

»Ihr Blödmänner!«, schimpfte ich und drückte Emilia fest an mich. »Ihr seid die blödesten Blödmänner auf der ganzen blöden Welt! Wenn ihr nicht sofort aufhört zu lachen, suche ich mir eine neue Familie!«

»Damit wären dein Vater und ich sicher nicht einverstanden«, hörte ich Mama sagen und spürte ihre Hand auf meiner Schulter.

»Was ist denn passiert?«, wollte Papa wissen und zog sich einen Stuhl vom Nebentisch heran.

Der eine Jott zeigte mit dem Finger auf mich. »Pippa hat zwei wildfremden Leuten alles Gute zum Geburtstag gewünscht.«

Papa machte der Schadenfreude schnell ein Ende.

»Hatte ich schon einmal erwähnt, dass grundsätzlich die Möglichkeit besteht, zwecks Erlangung weitreichender Einsichten zur eigenverantwortlichen Gestaltung eines harmonischen Familienlebens, Stubenarrest auch in nichtheimischen Gefilden, genauer gesagt während sogenannter Erholungsurlaube, zu verhängen?«

Die Jungs verstummten.

»Was meint er?«, flüsterte nach einer Schrecksekunde der eine Jott dem anderen ins Ohr. Doch der zuckte nur mit den Schultern.

Pillepalle schaltete sich ein.

»Wenn wir die Klappe nicht halten, sperrt er uns in unserem Zimmer im Hostel ein.«

»Oh-oh!«, entfuhr es beiden gleichzeitig. Das »Oh« blieb den Jottjotts schließlich im Gesicht hängen, und es sah aus, als hielten sie zwischen ihren Lippen einen unsichtbaren Tischtennisball fest.

Für einen Moment herrschte betretenes Schweigen.

Schließlich hob Pillepalle zaghaft den Finger.

»Darf ich etwas sagen, das zur Entspannung der derzeitigen familiären Missstimmung beitragen könnte?«

Papa konnte nicht verhindern, dass seine Mundwinkel in Richtung seiner Ohren wanderten.

Das war Pillepalles Trick. Er redete, wenn Papa sauer war, genauso kompliziert wie er. Das gefiel Papa so gut, dass seine Sauerlaune sofort verschwand.

»Ja, bitte«, grinste er und machte eine große ausladende Handbewegung wie ein Theaterschauspieler. »Dem Angeklagten sei das Wort erteilt.«

Pillepalle räusperte sich und straffte die Schultern.

»Wir hatten gerade die einmalige Gelegenheit, zwei sehr nette Menschen kennenzulernen, die hier im Hafen ein Unternehmen betreiben, das ...«

»Mach's kurz«, unterbrach ihn Mama.

»Na gut.«

Pillepalle schien enttäuscht, dass er keine umständliche Rede à la Papa halten durfte.

»Die Leute, die gerade weggegangen sind,

machen Walbeobachtungstouren mit ihrem Schiff. Können wir da auch mal mitfahren?«

Er reichte die Visitenkarte, die er von der Frau bekommen hatte, an Papa weiter.

Ich wunderte mich, dass mein großer Bruder anscheinend doch mehr Englisch verstanden hatte, als gedacht.

»Eine solche Tour steht für die nächsten Tage auf dem Plan«, antwortete Papa freudestrahlend und warf dann einen vorsichtigen Seitenblick auf Mama. Er zögerte. »Wenn wir alle Museen durchhaben.«

Jannik wollte etwas sagen, doch Julius hielt ihm die Hand vor den Mund. Er hatte Angst vor dem angedrohten Stubenarrest im Hostel.

Papa schaute hinaus auf den Hafen. »Wollen wir uns das Schiff schon mal ansehen?«

Meine Brüder sprangen stumm mit den Köpfen nickend von ihren Stühlen auf.

Papa zog seinen Stadtplan aus seinem Rucksack. »Man folge mir!«, sagte er mit der tiefen Stimme eines weisen Indianerhäuptlings. Wieder ganz genau wie ein Theaterschauspieler.

Pillepalle stupste mich an. »Komm, Schwesterchen. Wir dackeln einfach hinterher.«

Das war nett gemeint und sollte heißen: »Tut mir leid, dass ich dich vorhin ausgelacht habe.«

Auch wenn mein Englisch noch nicht besonders gut ist, so bin ich doch die allerbeste Übersetzerin von Brudersprache in Schwesterdeutsch.

Mit der Einladung zum Hinterherdackeln hatten wir Frieden geschlossen. Trotzdem hatte ich Mühe, meinem Stamm zu folgen, weil ich mein Notizbuch und den Stift suchen musste. Ich schrieb hinter die Tiere, die ich schon notiert hatte: *Dackel*.

Mit den anderen Tieren, Gänse, Schlangen, Flöhe, Bären, hatte ich jetzt schon einen schönen kleinen Zoo zusammen.

»Wartet auf mich!«

Mit Emilia im Arm rannte ich los, meiner Sippe hinterher. Pillepalle ging gerade als Letzter durch die große Museumstür. Draußen war es eisig kalt. Und es hatte angefangen zu regnen. Papa machte das nichts aus. Im Gegenteil. Man konnte merken, wie viel Spaß er dabei hatte, seine Familie anzuführen. Mit großen Schritten lief er voraus und wedelte ab und zu, ohne sich nach uns umzuschauen, mit seinem Stadtplan in der Luft herum.

»Wer den Plan hat, hat die Macht!«, rief er so laut, dass sich Leute nach ihm umdrehten.

Peinlich. Ich zog meine Kapuze tief in die Stirn. Es sollte bloß keiner denken, dass ich zu dem Stadtplanwedler gehörte.

»Man merkt halt, dass er Lehrer ist«, meinte Pillepalle, der meine Gedanken zu erraten schien. »Immer vorneweg und hoffen, dass hinten einer läuft, der die Herde zusammenhält.«

Ich musste mich nicht umdrehen, um zu wissen, wer die Herde zusammenhielt. Mama.

Wenn ich es mir recht überlege, ist Mama die beste Herdenzusammenhalterin der Welt. Hätte ich die Wahl, würde ich keine andere nehmen.

Wegen der Gerechtigkeit und der Liebe und so, muss ich aber auch sagen, dass Papa der beste Herdenanführer der Welt ist. Auch wenn er sich manchmal ein bisschen danebenbenimmt. Schwamm drüber. Man muss auch verzeihen können, sagt mein Papa immer. Und ich glaube, das gilt sogar für Kinder. Die sollten ihren Eltern auch verzeihen, wenn sie mal was Peinliches machen.

Zwölf

Heißes Bad mit Mango

Eigentlich hätte sich Papa das Stadtplanwedeln ersparen können. Der Hafen war nämlich genau um die Ecke vom Museum. Das hatten wir vom Fenster des Cafés aus schon sehen können.

Dort roch es stark nach fremdem Land, nach Meer, nach Fisch und ein wenig nach Pupsen. Ich war mir allerdings nicht sicher, ob der Geruch aus der unterirdischen Maschine kam, oder ob nicht doch einer meiner Brüder einen hatte ziehen lassen. Ich hatte kurz vorher ein verdächtiges Knattern gehört.

Wir liefen am Pier entlang, wo die Schiffe vor Anker lagen. Meine Brüder waren begeistert. Die Jottjotts rannten auf das größte Schiff zu. Sie schrien »Ahoi, horrido, Attacke« und andere Schlachtrufe, die sie aus ihren Piratenbüchern kannten. Sie fochten mit unsichtbaren Krummsäbeln und kommandierten eine noch unsichtbarere Meute von Matrosen herum.

»Lasst uns den Kahn entern!«, grölte Jannik und reckte den Arm in die Höhe.

»Ja! Damit werden wir Moby Dick bezwingen«, krähte Julius aus vollem Hals.

Andere Spaziergänger und Meeresanschauer blieben amüsiert stehen.

»O Mann, sind die uncool«, brummte Pillepalle und schaute beschämt zur Seite. »Müssen die denn immer auffallen? Egal, wo wir sind?«

»Die spielen doch nur«, versuchte ihn Mama zu beruhigen. »Das hast du früher auch gemacht.«

»Das will ich überhaupt nicht hören!«, gab Pillepalle wütend zurück. »Außerdem war das in

5943

meinem früheren Leben als Kind. Und das ist verdammt lang her.«

»Verstehe.« Mama gab sich Mühe, den ernsthaften Ausdruck in ihrem Gesicht zu behalten.

»Nichts verstehst du!«, blaffte Pillepalle sie an. Er vergrub seine Hände in den Hosentaschen und ging alleine ans Ende des Piers.

»Ist es wegen der Pubertät?«, fragte ich Mama leise.

»Wahrscheinlich«, nickte sie.

»Krieg ich das auch mal?«, wollte ich wissen.

»Ja, jeder kriegt das. Früher oder später.«

Ich kam nicht dazu, weitere Fragen zu stellen, denn jetzt kam Papa zu uns zurück. Er hatte die Schilder gelesen, die neben den Bootsstegen aufgestellt waren. Auf denen stand, wann die Schiffe wohin fuhren und was es kostete, mitzufahren. Er hatte alles in seinen Plan geschrieben und sich schon für eins der Schiffe entschieden, mit denen wir in ein paar Tagen fahren sollten.

Dann gingen wir zurück ins Hostel.

Mama wollte ihre Füße hochlegen und die Augen entspannen. Papa wollte lesen. Die Jottjotts wollten eine Seekarte malen. Pillepalle wollte schmollen. Und ich wollte mit Emilia reden. Dringend.

»Kann ich ein heißes Bad nehmen?«, fragte ich, als wir im Zimmer angekommen waren.

»Warum das denn?«, fragte Mama erstaunt. »Du hast doch heute Morgen erst geduscht?«

»Es ist nur, weil ... also, na ja ...«, druckste ich herum. »Es hat doch geregnet, und da will ich mich nicht erkälten«, schummelte ich.

»Von mir aus.« Sie gähnte und machte die Augen zu. Gleich würde sie schlafen. Das wusste ich. Wenn sie sagte »Augen entspannen« hieß es schlafen. Genauso wie »Stadt erkunden« ins Museum gehen bedeutete. Und wenn sie in ihr Atelier gehen wollte, um Bilder zu malen, sagte sie: »Meine Seele braucht Platz.«

Das ist einer der Unterschiede zwischen Papa und Mama. Papa kleistert seine Sätze so lange mit unnützen Wörtern zu, bis kaum mehr einer versteht, was er meint. Papas Sätze sind wie Tausendfüßler, Mamas Sätze sind wie Schmetterlinge.

Ich holte mein Notizbuch und schrieb in die Liste der Tiere:

Tausendfüßler und Schmetterlinge.

Dann holte ich den rotweißgepunkteten Koffer aus dem Schrank und ging, mit Emilia auf dem Arm, ins Badezimmer und schloss uns ein.

Endlich! Endlich war ich allein. Ohne meine Sippe. Ohne die Piratenkapitäne, ohne den Stadtplan wedelnden Indianerhäuptling, ohne den pubertierenden Schmollko und die Herdenzusammenhalterin. Allein mit Emilia und der Katze Zimtundzucker.

Ich ließ sofort das Badewasser einlaufen. Das machte ordentlich Krach und ich konnte mit Emilia reden, ohne dass es draußen jemand hörte.

»Wann gehen wir endlich zu Oma Dotti?«, platzte Emilia heraus.

»In zwei Stunden oder so.« Ich gab einen Schuss Duschgel mit Mangogeruch ins Wasser.

»Wie viel Zentimeter sind das? Mit dem Lineal gemessen?« Emilia schaute mich mit schief gelegtem Kopf an.

»Wollen wir nicht erst einmal Zimtundzucker aus dem Koffer lassen?«, fragte ich und ließ die Verschlüsse aufspringen. Mir blieb fast das Herz stehen, als ich den Deckel hochklappte und in den Koffer schaute. Zimtundzucker lag zusammengerollt darin, sah aber kein bisschen lebendig aus. Sie bewegte sich nicht, und sie atmete nicht.

Emilia beugte sich über den am Boden stehenden Koffer.

»Notfallstarre«, sagte sie ungerührt.

»Wie? Was? Notfallstarre?«

»Sie ist eine reinrassige Elfenkatze. Sie kann sich tot stellen, wenn es nötig ist.«

Vor Schreck konnte ich nichts sagen, nur dämlich gucken.

»Was denkst du denn, wie sie es sonst die ganze Zeit ausgehalten hätte im Koffer? Ohne Licht, ohne Luft, ohne Essen, Trinken und ohne Pipi machen und das andere größere, du weißt schon«, erklärte Emilia mit fester Stimme.

Mit einem Mal hatte ich ein schlechtes Gewissen. Mama erlaubt uns nicht, ein Haustier zu halten, weil sie überzeugt ist, dass wir uns sowieso nicht darum kümmern würden. Und jetzt dachte ich, dass sie recht hat.

»Und wann wird sie wieder aufwachen?«, fragte ich zögerlich.

»Wenn wir bei Oma Dotti sind!«

Ich seufzte. Das hätte ich mir denken können.

Bei Oma Dotti war anscheinend immer alles besser als bei mir.

Es klopfte an die Tür.

»Pippa beeil dich. Ich muss mal!«, rief einer der Jotts. Klar, dass der andere Jott auch musste.

Ich schloss auf, die beiden stürmten ins Badezimmer.

»Passt auf«, brummte ich, bevor ich mit Emilia und dem Koffer hinausging. »Es gibt nur eine Kloschüssel. Da müsst ihr gut zielen, wenn ihr gleichzeitig darein pinkeln wollt.«

Die Jottjotts grinsten. »Machen wir immer«, sagte der eine.

»Ist unser Geheimsport«, sagte der andere.

Mannmannmann! Jungs können manchmal so albern sein.

Mama hatte genug von der Augenentspannung. Sie war aufgewacht und drängte zum Aufbruch.

»Wir müssen noch irgendwo Blumen besorgen für Helga.« Sie schaute Papa an und der griff sofort nach seinem Reiseführer.

Ich glaube, wenn man lange zusammenlebt, so wie Mama und Papa, dann muss man sich nicht mehr alles sagen. Da genügt manchmal ein Blick, damit der andere weiß, was gemeint ist. Wenn die beiden mal sehr alt sind, zwinkern sie sich vielleicht nur noch zu und wackeln mit den Köpfen, wenn sie sich etwas zu erzählen haben. Wer weiß.

»Hier steht nix über einen Blumenladen«, sagte Papa, nachdem er wild im Buch geblättert hatte.

Mama zog ihren dicken Wollpullover über. »Dann kaufen wir halt Pralinen. Ältere Damen mögen oft süße Sachen.«

»Nicht nur ältere Damen.« Pillepalle schaute von seinem Spielecomputer hoch. »Auch junge Männer mögen süße Sachen.«

Aha. Mein großer Bruder war also ein junger Mann. Ich dachte, er wäre noch ein Kind. Mit der Pubertät kann das Erwachsenwerden wohl auch über Nacht kommen.

Ich sah, wie Mama Papa heimlich zuzwinkerte und dabei grinste.

»Mama?«

»Ja, Pippa.«

»Seid ihr schon alt? Papa und du?«

»Warum fragst du?«

Ich druckste herum. »Wenn … ähm … Pillepalle jetzt ein junger Mann ist …«

Den Rest des Satzes, den ich im Kopf hatte, sprach ich aber nicht aus. Sonst hätte ich sagen müssen: »Weil ihr miteinander zwinkert und nicht redet.«

»Alter ist relativ«, antwortete Papa, weil Mama damit beschäftigt war, ihre Bettdecke glattzustreichen.

»Von dir aus betrachtet mögen wir alt erscheinen. Oma Dotti hingegen würde uns als jung bezeichnen.«

Außer »Aha« sagte ich nichts dazu.

Wenn Papa einen Satz mit dem Wort »relativ« drin sagt, dann kann die Erklärung lang dauern. Sehr lang.

Mama stieg in ihre Wanderschuhe und schnürte sie zu.

Jeder von uns hatte nur zwei Paar Schuhe mitnehmen dürfen. Damit die Koffer nicht zu schwer waren. Selbst Mama hatte sich daran gehalten. Sie hatte die Wanderschuhe für tagsüber und die schwarzen Pömps mit den Absätzen für abends schick ausgehen.

Ich weiß, dass man Pömps eigentlich so schreiben muss: Pumps. Aber das sieht geschrieben total doof aus. Ein bisschen wie Plumps. Und bei Plumps denke ich an plumpsen. So als würde Mama aus ihren Schuhen plumpsen. Und das tut sie nicht. Im Gegenteil. Sie pömpst sehr elegant durch die Gegend mit den hohen Absatzschuhen.

Die Jottjotts stürmten aus dem Badezimmer.

»Und? Hände gewaschen?«, fragte Mama.

Vier Hände flogen in die Luft und zeigten sich von allen Seiten.

»Gut.« Mama nickte. »Dann ab in die Klamotten. Und los geht's.«

Eine Viertelstunde später standen wir vor dem Eingang zum Hostel. Papa hatte sich sein Lehrergesicht über den Kopf gestülpt, und es hätte gerade noch gefehlt, wenn er uns hätte durchzählen lassen wie bei einer Klassenfahrt.

Emilia hatte wieder ihren Platz in meinem Mantel, den Koffer trug ich in der Hand. Papa lief voraus. Klar, was sonst?!

Wir landeten zuerst in einem Supermarkt. Die Jottjotts fanden die Reihe mit den Süßigkeiten und stöberten sich dann durch die Regale. Sie lasen das, was auf den Packungen stand, laut vor und lachten sich dabei schlapp, weil es so komisch klang. Wahrscheinlich sprachen sie alles völlig falsch aus. Wieder schauten uns die Leute erstaunt oder belustigt an. Pillepalle war das so peinlich, dass er in den Gang mit den Haushaltswaren und Batterien flüchtete und so tat, als würde er etwas suchen. Hauptsache, niemand würde denken, dass er zu den bekloppten Touristen gehörte. Auch ich schämte mich für meine Brüder. Ich finde, man darf sich in einem fremden Land nicht über die Leute lustig machen, bloß weil sie anders sprechen. Außerdem gefiel es mir hier in Emilias Heimat.

Was macht man bloß mit Brüdern, für die man sich schämt? Vielleicht sollte ich Oma Dotti fragen, ob sie mir den Satz »Zwillinge zu verkaufen« ins Isländische übersetzen kann. Den würde ich dann auf ein Plakat schreiben und damit durch die Stadt laufen. Von dem Geld aus dem Verkauf meiner Brüder würde ich mir etwas Schönes kaufen. Vielleicht zwei Meerschweinchen. Oder zwei Zwergkaninchen.

Meerschweinchen und Zwergkaninchen. Das schrieb ich in meine Liste der Tiere.

Dreizehn

Im Wohn-Ess-Bücher-Fernseh-Häkeldeckchen-Zimmer

Mama bezahlte die große Schachtel Pralinen, die sie ausgesucht hatte, und wir verließen den Supermarkt. Zusammen mit den Zwillingen, die sich noch immer über die seltsame Sprache beömmelten. Und zusammen mit Pillepalle, der einen Sicherheitsabstand einhielt und extra in eine andere Richtung guckte, um nicht als Teil unserer Sippe entlarvt zu werden.

»Wollen wir die Jottjotts auf dem Flohmarkt verkaufen?«, flüsterte ich ihm ins Ohr.

»Gute Idee!«, grinste er. »Vielleicht kriegen wir so viel, dass sich jeder von uns eine Sonnenbrille zur Tarnung und ein paar Ohrstöpsel kaufen kann. Damit wir diesen Blödsinn nicht hören müssen.«

Ich grinste genauso cool zurück, wie mich Pillepalle angegrinst hatte, und fühlte mich gleich ein bisschen erwachsener. Am liebsten hätte ich ihn an die Hand genommen. Machte ich aber nicht. Denn mit einem großen Bruder, aus dem plötzlich ein junger Mann geworden ist, muss man sehr vorsichtig sein. Ein falsches Wort, eine falsche Bewegung, und er ist beleidigt.

Wir liefen durch die Einkaufsstraße, bogen ein paarmal ab und standen vor einem großen See. Emilia zappelte in meinem Arm, und die Jottjotts wollten gleich Steine übers Wasser flitschen lassen.

»Untersteht euch!«, sagte Mama. »Damit verscheucht ihr nur die Vögel.«

Und Vögel gab es hier jede Menge. Große und kleine, Gänse, Schwäne, Enten und anderes Federvieh, das ich noch nie gesehen hatte.

»Dürfen wir sie wenigstens füttern?«, fragte Jannik.

»Wir haben kein Brot dabei«, antwortete Mama. »Und die Dachziegel von heute Morgen würden selbst die Enten nicht fressen wollen.«

Die Jottjotts ließen die Köpfe hängen, weil Mama sie an das verunglückte Toastbrot erinnerte. Sie taten mir leid, und ich beschloss, sie doch nicht zu verkaufen.

Schweigend gingen wir weiter. Ein Stück um den See rum, dann rein in eine Straße und noch ein paarmal links und rechts. Plötzlich blieb Papa stehen.

»Wir sind da!« Er deutete auf ein kleines hellblaues Haus mit weißen Umrahmungen an den Fenstern. Hinter einem Fenster sahen wir Oma Dotti und Helga winken.

Wir gingen über den schmalen Weg durch den kleinen Vorgarten. Helga öffnete uns die Tür.

»Hello! Come in!«

Mamas Blick fiel auf die vielen Schuhe, die im Flur standen.

»Wir ziehen auch besser unsere Schuhe aus«, sagte sie, und Papa flüsterte uns zu: »Das macht man hier so in Island. Man geht nicht mit den Straßenschuhen in die Häuser der Leute.«

Wir schälten unsere Schuhe von den Füßen, was in dem kleinen Flur mit so vielen Leuten nicht ganz einfach war. Auf Strümpfen gingen wir in das Wohn-Ess-Bücher-Fernseh-Häkeldeckchen-Zimmer.

»Ach, das freut mich«, sagte Oma Dotti, nachdem sie sich ausgiebig unsere Füße betrachtet hatte. Wir hatten alle die selbstgestrickten Socken an, die sie uns zu Weihnachten geschenkt hatte.

Mama übergab Helga unser Gastgeschenk, und dann setzten wir uns an die festlich gedeckte Kaffeetafel. Dort standen eine schön verzierte Schokoladentorte und drei Schälchen mit Haferkeksen. Für die Erwachsenen gab es Kaffee und für uns Kinder dunkelroten Beerensaft. Ich mochte den Geruch von Schokolade und Kaffee, der das ganze Zimmer erfüllte. Kaffee schmeckt bitter, das hatte ich mal probiert, aber er riecht gut. Irgendwie gemütlich.

Noch bevor Helga allen Erwachsenen Kaffee eingeschenkt hatte, fingen die Jottjotts an, ihre Tortenstücke zu verschlingen. Mama stupste Julius neben ihr in die Seite und machte das Hört-bloß-damit-auf-Gesicht. Schnell legten sie die Kuchengabeln auf die Seite und versteckten die Hände unter dem Tisch.

»Oh no!«, winkte Helga ab. Das wäre doch nicht nötig, sie sollten ruhig essen und sie würde sich doch freuen, wenn es den jungen Leuten schmeckt. Oma Dotti, die neben mir saß, übersetzte mir das, was ihre Freundin auf Englisch sagte.

Die Zwillinge verstanden auch ohne Übersetzung und verschlangen das, was noch vom Tortenstück übrig war.

Papa war es unangenehm, dass sich die Jottjotts nicht benahmen. »Ihr sollt die Torte essen und nicht inhalieren!«, wies er sie zurecht.

Jannik grinste. »Können wir das bitte mit einem zweiten Stück üben?«

Papa schüttelte verständnislos den Kopf, aber Helga tat beiden gleich ein neues Stück auf. Ich konnte gut verstehen, dass Oma Dotti und Helga beste Freundinnen waren. Sie waren beide gleich nett. Super-duper-ober-nett. Genau so, wie Kinder sich Omas wünschen. Sie erfüllen die kleinen Wünsche und schimpfen nie. Omas sind manchmal besser als Mütter, weil sie weniger Stress haben und deshalb seltener ausflippen, wenn man Unsinn oder Dreck macht oder nicht aufräumt oder die Hausaufgaben vergisst. Mir tun alle Kinder leid, die ein omaloses Leben führen müssen.

Vielleicht würde ich, wenn ich groß wäre, eine Vermittlungsagentur für Omas und Kinder aufmachen. Alle Kinder ohne Oma könnten sich bei mir melden und umgekehrt alle Omas ohne Enkelkinder auch. Die würde ich dann zusammenbringen und glücklich machen.

Ja! Das war's! Ich würde Glücklichmacherin von Beruf werden! Diese Idee machte mich selbst ganz glücklich.

Es klingelte an der Tür. Helga sprang auf, ging hinaus und kam wenig später in Begleitung von zwei Jungs auf Wollsocken zurück. Die beiden hießen Benedikt und Einar und wohnten in der Nachbarschaft. Benedikt war ungefähr so alt wie Pillepalle und Einar so alt wie die Jottjotts.

Helga hatte die Nachbarjungs gefragt, ob sie kommen und mit uns zum Skateboardfahren gehen wollten. Meine Brüder wollten, ich aber nicht. Ich war einmal so blöd vom Skateboard gefallen und hatte mir Knie und Kinn aufgeschrappt, dass ich keine Lust mehr auf die Wackelbretter hatte. Emilia hätte es bestimmt gemacht, da war ich sicher. Sie hatte vor nichts und niemandem Angst.

Nachdem Helga den Jungs eine große Tüte mit Keksen eingepackt hatte, verschwanden sie.

Mit einem Mal fühlte es sich leer an im Zimmer. Ich war allein mit vier Erwachsenen und einer Elfe. Aber bruderlos zu sein ist nicht so schlimm wie omalos zu sein, dachte ich.

Trotzdem merkte Oma Dotti, dass es mir komisch war. Sie beugte sich zu mir rüber und flüsterte mir ins Ohr: »Ich glaube, meine Freundin hat eine Überraschung für dich.«

Sie rollte weg vom Tisch und hinein in die Küche, die an das Wohn-Ess-Bücher-Fernseh-Häkeldeckchen-Zimmer angrenzte. Dann drehte sie sich zu mir um.

»Was ist? Bist du gar nicht neugierig? Komm mit!«

Zu Helga sagte sie etwas auf Isländisch, das diese mit »Jau« beantwortete. Weil sie dazu nickte, reimte ich mir zusammen, dass es Ja heißen sollte. Erst recht, weil sie aufstand und auch in die Küche ging. Ich folgte ihr und schaute, wie sie auch, durch das Fenster.

»Was ist das?«, fragte ich Oma Dotti.

»Was denkst du, was das ist?«, fragte sie zurück.

Mitten im Garten stand ein Holzfass voll mit dampfendem, blubberndem Wasser. Ich überlegte.

»Ist das von unterirdisch?«

Oma Dotti nickte und Helga öffnete die Tür, die nach draußen führte. »Would you like to take a bath?«

»Ob du gern baden willst«, übersetzte Oma Dotti für mich.

Es hatte wieder angefangen zu regnen. Nicht stark. Es war eher ein Sprühflaschenregen, bei dem die einzelnen Wassertropfen nicht zu erkennen sind. Richtig kalt war es auch. So kalt, dass man eine Mütze oder wenigstens die Kapuze brauchte. Und Wollsocken an den Füßen. Das Thermometer hinter dem Küchenfenster zeigte neun Grad.

Und da sollte ich im Freien baden gehen?!

Ich wollte schon Nein sagen, als ich Emilias Tritte gegen meinen Bauch spürte.

Oma Dotti rollte näher an mich heran. »Traust du dich nicht?«

»Ist das vielleicht ein Hot Pot?«, fragte ich. »Mit Wasser aus der unterirdischen Pupsmaschine?«

»Hat Emilia dir davon erzählt?«

Ich nickte.

»Geht es von da aus zum Mittelpunkt der Erde?«

Oma Dotti winkte ab. »Nein, nein. Das Wasser kommt zwar aus der Erde, wird aber durch eine ganz normale Wasserleitung in das Fass gepumpt. Was ist? Traust du dich oder nicht?«

Emilia trommelte weiter.

»Doch!«, sagte ich. »Natürlich trau ich mich! Ich bin doch kein Angsthase. Aber leider, leider hab ich keinen Badeanzug dabei.« Ich zuckte mit den Schultern.

Hoffentlich merkte Oma Dotti nicht, dass ich doch ein Angsthase war. Wenn auch nur ein kleiner. Also eher ein Zwergangstkaninchen.

»Ich hab hier was für dich!«, hörte ich es

aus dem Wohn-Ess-Bücher-Fernseh-Häkeldeckchen-Zimmer rufen. Es war Mama, die mit meinem Badeanzug in der Luft herumfuchtelte.

»Woher wusstest du, Mama ...?!«

»Oma Dotti hat mich angerufen und mich gebeten, den Badeanzug mitzubringen.«

Und Oma Dotti zeigte mir, wo ich mich umziehen konnte, gab mir anschließend ein großes Handtuch und legte mir ihren grün-weißen Schal um den Hals. Emilia hatte sie in der Zwischenzeit umgezogen. Auch sie hatte jetzt einen Badeanzug an.

Neun Grad ist nicht besonders warm. Wenn man nur einen Badeanzug anhat, dann ist neun Grad sogar sehr kalt.

Barfuß flitzte ich mit Emilia raus in die Kälte und kriegte sofort Gänsehaut von den Zehen bis zu den Ohrläppchen. Ich kletterte schnell den Hocker hoch und sprang todesmutig mit einem Satz ins Wasser.

Das Wasser war richtig toll warm und das Geblubbere fühlte sich auf der Haut schön prickelig an. Emilia tauchte sofort unter und sprang hoch und runter, hoch und runter. Dabei kreischte sie vor Vergnügen.

Oje! Was wäre, wenn uns jemand sehen und hören würde?!

Ich schaute herum. Der Garten war klein, an den Grenzen zu den Nachbarn wuchsen Büsche. Kein Mensch war zu sehen. Bloß Oma Dotti am Küchenfenster. Das machte nix. Sie kannte ja das Geheimnis. Oder genauer gesagt: Sie hatte mir das ganze Geheimnis namens Emilia eingebrockt. Und ich war froh drüber.

Wir planschten so lange im Wasser, bis unsere Finger runzelig waren. Wie lang das in Minuten oder Stunden war, weiß ich nicht. Jedenfalls war es so lang, wie wir zu Hause in der Badewanne brauchten, um ungefähr fünfzig Seiten in einem Buch zu lesen.

»Und heute Abend wird es noch vieeeel besser!«, jauchzte Emilia und tauchte unter.

»Was?! Was ist heute Abend?«, fragte ich, nachdem sie prustend wieder aus dem Blubberwasser aufstieg.

»Große Party!«, rief sie, riss die Arme hoch und verschwand unter Wasser.

»Was denn für eine Party?!«

Doch da war sie schon wieder weg. Ich sah nur noch Luftbläschen aus dem Fass hochsteigen. Emilia tauchte um meine Beine herum wie ein Flitzefisch, kitzelte mich an den Füßen, piekste mir in die Beine und kam dann endlich zurück an die Oberfläche.

»Was denn für eine Party?«, wiederholte ich meine Frage.

»Die große Pippa-Willkommensparty! Was denkst du denn?!«, rief sie und war – *blubb* – wieder auf Tauchstation.

Die Tür von der Küche zum Garten flog auf, und Helga kam heraus. Mit einem roten Handtuch so groß wie eine Picknickdecke.

»You have to get out of the water!«, sagte sie und ließ das Handtuch flattern wie ein spanischer Stierkämpfer.

Ich wusste, was sie wollte, auch wenn ich sie nicht verstand.

Musste das gerade jetzt sein? Ich wusste überhaupt noch nicht, was es mit der Party auf sich hatte.

Helga rannte herbei. Emilia paddelte aufrecht im Wasser, der Kopf schaute oben raus und ihr Gesicht war unbewegt. Ich nahm sie in den Arm und stieg aus dem Fass.

Helga warf die Picknickdecke über mich und

rubbelte mich trocken. Dabei giggelte und lachte sie, dass ich meinen Kummer über den ungewissen Ausgang des Abends völlig vergaß. Wir rannten zurück ins Haus und gingen ins Wohnzimmer, wo Oma Dotti, Mama und Papa hinter einem Berg von alten Fotoalben saßen und sich angeregt unterhielten. Ich ging ins Badezimmer, zog meine Kleider an und wollte ins Wohnzimmer, um mich auf die alten Fotos zu stürzen. Vielleicht wären da auch welche von Oma Dotti als junge Frau oder sogar als kleines Mädchen.

Doch gerade, als ich ins Wohn-Ess-Bücher-Fernseh-Häkeldeckchen-Zimmer kam, klingelte es an der Tür. Meine Brüder kamen mit Benedikt und Einar zurück vom Skateboarden. Sie waren ziemlich müde. Und glücklich. Pillepalle hatte sogar richtig rote Bäckchen.

Oma Dotti fuhr mit dem Rollstuhl in die Küche und kam kurz darauf mit einem Tablett auf dem Schoß zurück.

»Nach dem Sport habt ihr bestimmt Hunger«, sagte sie und stellte das Tablett auf den Tisch. Darauf war ein rechteckiger Kasten mit Schokoladenüberzug. Noch ein Kuchen? Das war ja ein echt süßer Tag.

Oma Dotti schnitt mit einem langen Sägemesser daumendicke Scheiben ab. »Wer will ein Stück vom kalten Hund?«, rief sie in die Runde, und die Arme der Zwillinge und die der Isländer schnellten hoch.

Kalter Hund? Mich gruselte.

»Keine Sorge«, sagte Mama, als sie mein entsetztes Gesicht sah. »Da ist kein bisschen Hund drin. Das sind Kekse mit Schokolade.«

»Ach so«, sagte ich. »Heißer Hund, kalter Hund. Hier scheint es ja Hunde in unterschiedlichsten Temperaturen zu geben. Kein Wunder in einem Heißundeisland.«

Ich holte mein Notizbuch heraus und schrieb *kalter Hund* in die Liste der Tiere.

Die Jottjotts und ihre neuen Freunde schlangen den kalten Hund hinunter, als hätten sie einen Tag lang hungern müssen.

»Du magst wirklich nichts, Pillepalle?«, fragte Oma Dotti und hielt ihm einen Teller vor die Nase.

»Nein, danke«, sagte er mit vorgestreckter Hand. »Ich schätze mal, da sind recht viele Kalorien drin.«

»Angst, du wirst zu fett?«, feixte Jannik.

»Nein, der ist doch schon satt!«, lachte Julius. »Der hat doch gerade Schmetterlinge gegessen!«

Die beiden prusteten los und klatschten sich ab wie die Helden.

»Was meinst du damit, Julius?«, fragte Mama.

»Der hat den Bauch voll Schmetterlinge!«, grinste er. »Da passt kein Hund mehr rein.«

Mama hob vielsagend eine Augenbraue und schmunzelte. Pillepalle kriegte einen knallroten Kopf und teilte in Blitzgeschwindigkeit so viele Kopfnüsse aus, dass ein Eichhörnchen einen ganzen Winter davon hätte leben können.

»Sag doch, dass du verknallt bist!«, quäkte Jannik und hielt sich vorsorglich schützend die Arme über den Kopf.

»Ja, genau! Verknallt, verknallt, verknallt!«, schoss Julius hinterher.

Mama sprang auf und zeigte auf die Tür. »Raus! Alle drei!«, rief sie. »Und wenn ihr euch abgeregt habt, dürft ihr wieder reinkommen.«

Oma Dotti übersetzte alles für Einar und Benedikt, die natürlich keine Ahnung hatten, worum der Streit ging, und deshalb etwas bedröppelt rumstanden. Sie redeten eine Weile miteinander, und schließlich erklärte uns Oma

Dotti, dass Pillepalle auf dem Skateboardplatz ein Mädchen namens Sunna kennengelernt hatte. Die beste Skateboarderin von ganz Island.

»Tja, das ist doch schön!«, schloss Oma Dotti. »Jetzt hat sich Pillepalle verliebt.«

Mama seufzte. »Hätte das nicht noch ein wenig Zeit gehabt?«

Papa legte den Arm um sie. »Wann hast du dich denn das erste Mal verliebt?«

»Das tut überhaupt nichts zur Sache«, wehrte Mama ab.

Oma Dotti sagte etwas du Benedikt und Einar, die sich daraufhin verabschiedeten und gingen.

»Anscheinend hat Sunna gesagt, dass man sportlich und schlank sein muss, wenn man in die Weltklasse aufsteigen will«, klärte uns Oma Dotti auf.

»Aber Pillepalle *ist* schlank!«, trotzte Mama. »Und sportlich ist er auch.«

»Lass mal gut sein«, versuchte Papa einzulenken, was aber leider nichts an Mamas Trotzigkeit änderte.

Wenn man Stimmung mit einem Thermometer messen könnte, dann war es jetzt ungefähr 15 Grad Celsius. Vor dem Streit waren es

8 Grad gewesen. Und in Helgas Hot Pot mollige 38 Grad.

»Lasst uns von etwas anderem reden«, meinte Mama. »Wir müssen den heutigen Abend noch planen.«

Ich fiel aus allen Wolken und erinnerte mich beim Fallen an Emilias Partypläne.

»Was ist denn heute Abend?!«, fragte ich zögerlich.

»Papa und ich haben Karten für ein klassisches Konzert in der Harpa«, klärte mich Mama auf. »Das ist das große Konzerthaus, an dem wir bei unserem ersten Abendspaziergang vorbeigekommen sind. Das mit der schönen Glasfassade. Weißt du noch? Die Scheiben, die schimmern wie Fischschuppen.«

Ich wusste, welches Haus sie meinte. Wir hatten lange davor gestanden und gestaunt, weil es so ungewöhnlich aussah.

»Wir dachten, dass Pillepalle und die Jottjotts im Hostel bleiben und du den Abend bei Oma Dotti und Helga verbringen kannst«, meinte Mama.

Ich schaute zu Oma Dotti, die gerade ihr Stück vom kalten Hund verdrückte.

»Ja, das hab ich angeboten«, sagte sie mit vollem Mund. »Ich hoffe, es ist dir recht.«

Mein Kopf nickte automatisch, während innen drin die Gedanken nur so durcheinanderpurzelten.

Vierzehn

Elfenzauber

Oma Dotti wollte uns zum Hostel begleiten. Ich sollte meine Übernachtungssachen holen und dann wollte sie mit mir vor dem Schlafengehen noch einen Spaziergang machen, sagte sie.

Ich wurde stutzig. Spaziergang? Wohin? Steckten Emilia und Oma Dotti etwa unter einer Decke?

Wir bedankten uns bei Helga für die leckeren Kalorien, verabschiedeten uns und verließen das

Haus. Da waren sie: Pillepalle stand auf der rechten Straßenseite und hatte die Hände tief in den Hosentaschen vergraben. Die Jottjotts saßen auf einem Mäuerchen auf der linken Straßenseite.

»Kommt jetzt«, sagte Papa und winkte meine Brüder herbei. Jannik kickte wütend einen Kieselstein über die Straße, den Pillepalle geschickt mit der Innenseite seines Fußes stoppte und zurückpfefferte. Der Stein prallte gegen das Knie von Julius, der sofort anfing zu heulen.

»Pillepalle wollte mir die Kniescheibe zertrümmern!«, rief er.

»Oder meine!«, mischte sich Jannik ein. »Er hat mich nur nicht getroffen. Weil er nämlich nicht zielen kann.«

Papa ging hin und hob den Kieselstein auf, der ungefähr so groß war wie ein 2-Cent-Stück. Er steckte ihn in seine Hosentasche.

»Hatten wir, ich meine damit eure Mutter und mich, schon einmal die Möglichkeit erwähnt, Hausarrest auch während einer Urlaubsreise zu verhängen?«

Meine Brüder stöhnten gleichzeitig genervt auf.

»Ich bin mir nicht sicher, ob die Androhung von Freiheitseinschränkungen einer freiheitlich orientierten Erziehung von Kindern und Jugendlichen zuträglich ist«, meinte Pillepalle mit vorgestrecktem Kinn.

»Genau!«, rief Julius.

»Wo er recht hat, hat er recht.« Jannik überquerte die Straße und stellte sich neben Pillepalle. Julius lief hinterher und platzierte sich auf der anderen Seite.

»Gut!«, grinste Papa. »Dann hätten wir dieses Problem also auch gelöst.«

Schweigend trotteten die Jungs hinter uns her. Und schweigend betraten wir unser Zimmer. Mama holte ihr schönes Kleid und die Pömps aus dem Schrank und ging ins Badezimmer, um sich frisch zu machen und umzuziehen. Papa suchte in seiner Tasche nach den Eintrittskarten für das Konzert.

»Spielst du mit uns Karten, Pillepalle?«, fragte Jannik schließlich.

»Okay, kann ich machen«, antwortete Pillepalle und guckte cool. »Aber erst, wenn ich meine Liegestütze gemacht habe.« Jetzt guckte er obercool.

»Liegestütze?!« Die Jottjotts waren erstaunt. »Seit wann machst du denn Liegestütze?«

»Seit heute«, antwortete Pillepalle und legte sich auf den Boden. Eine Sekunde später lagen die Zwillinge neben ihm.

»Da machen wir mit!«

Als ich mit gepackter Tasche das Zimmer verließ, waren meine Brüder gerade bei acht angekommen, und der Schweiß stand ihnen auf der Stirn.

Oma Dotti wartete zusammen mit Emilia in der Bar des Hostels auf mich. Sie trank Kaffee und flirtete mit dem jungen Kellner. Aber als sie mich sah, rollte sie zu mir. »Bless-bless!«, winkte sie dem Mann zu. Das sollte wohl tschüs heißen. Ich fragte nicht nach. Ich war viel zu aufgeregt. Und gespannt, wohin unser Spaziergang uns führen würde. Und was mit der Party war. Und überhaupt.

Als wir auf der Straße standen, atmete Oma Dotti tief ein. »Ach, ist das nicht eine tolle Luft hier in der Nähe des Meeres?« Sie lächelte mich glücklich an. Emilia tat dasselbe. Ich nickte stumm und hängte meine Tasche mit den Übernachtungssachen an die Schiebegriffe vom Rollstuhl. Es begann schon, dunkel zu werden.

»Ich denke, wir nehmen den Weg am Ufer entlang«, sagte Oma Dotti und fuhr voraus. Sie hatte ein Tempo drauf, dass ich Mühe hatte, hinterherzukommen. Mein Herz klopfte bis zum Hals.

Der Fußgänger- und Radfahrweg führte uns am Meer entlang. Jogger begegneten oder überholten uns. Leute mit Hunden, Leute mit Kindern und Kinderwagen teilten sich mit uns den breiten Weg. Je länger wir gingen, umso weniger Menschen sahen wir. Oma Dotti schien unseren Ausflug zu genießen. Und Emilia auch. Sie saß auf Oma Dottis Schoß wie eine Prinzessin auf dem Thron, während ich den Rollstuhl schob. Jetzt war es schon so dunkel, dass wir kaum noch etwas sehen konnten.

Oma Dotti bat mich anzuhalten. Sie kramte in ihrer Tasche und holte schließlich zwei batteriebetriebene Fahrradleuchten heraus, die sie unterhalb ihrer Armstützen anbrachte. Die machten es richtig schön hell. Aber sie fischte noch zwei weitere Lampen aus ihrer Tasche. An einem Gummi, den man sich wie ein Stirnband über den Kopf stülpen musste, war ein rundes Dingens angebracht, das leuchtete, wenn man es anknipste. Je nachdem, wohin man den Kopf drehte, es machte immer genau die Richtung hell, in die man guckte. Gut erleuchtet gingen wir weiter. Der Weg wurde immer schmaler und steiniger.

»Wo gehen wir eigentlich hin?«, fragte ich Oma Dotti.

»Das wirst du schon sehen!«, sagte sie. Emilia sagte nichts.

Poch – poch – poch.

Da war es wieder. Das Herz in meinem Hals. Ich schob den Rollstuhl weiter.

Irgendwann lag ein riesiger Stein mitten auf dem Weg. Halb so hoch wie ich, aber doppelt so breit. Ich stoppte, und Emilia kletterte vom Rollstuhl auf den Boden.

»Ich glaube, ihr geht jetzt besser alleine weiter«, sagte Oma Dotti und strich sich den Rock glatt.

»Wie?! Alleine?!«, fragte ich erstaunt. »Ganz alleine? Nur Emilia und ich, oder was?!«

»Ja, genau«, antwortete Oma Dotti ungerührt. »Du siehst doch, dass der Stein im Weg liegt. Da komm ich mit dem Rollstuhl nicht vorbei. Ich bleib lieber hier und schau aufs Meer.«

Emilia streckte mir die Arme entgegen. Ich nahm sie hoch, und sie drückte mir einen Kuss auf die Wange. »Die anderen warten schon auf uns«, flüsterte sie mir dann ins Ohr.

»Welche anderen?«

»Das wirst du schon sehen.«

Nicht schon wieder diese Antwort! Ich seufzte.

»Also gut«, sagte ich schließlich.

Poch – poch – poch.

Die Lampe auf meinem Kopf leuchtete uns den Weg. Trotzdem hatte ich Schiss. Unendlich Schiss. Vor allem, wenn ich mir klarmachte, dass ich hier in einem fremden Land auf einem fremden Weg mitten in der fremden Nacht unterwegs war. Das durften meine Eltern niemals nie erfahren. Emilia lief mir voraus. Im Lichtkegel der Lampe konnte ich sie gut sehen, wollte sie aber auf keinen Fall aus den Augen verlieren. Aber sie schien das Licht gar nicht zu brauchen. Sie rannte schnell wie ein Wiesel, schlug Haken wie ein Hase und quiekte dabei vor Freude wie ein Meerschweinchen.

In der Ferne sah ich ein helles Flackern. Je näher wir kamen, umso deutlicher war das Flackern als Lagerfeuer zu erkennen. Plötzlich stieß Emilia einen lauten Schrei aus, gefolgt von etwas, das wie ein Schlachtruf klang. Es folgte ein Echo aus vielen Stimmen. Jetzt war Emilia nicht mehr zu halten. Sie flitzte los, und ich stürmte hinterher.

Und da waren sie: Elfen, überall Elfen! Dreißig? Vierzig? Fünfzig? Ich weiß es nicht. Ich fühlte mich wie in einem Märchen. Die kleinen Wesen umringten Emilia. Eine nach der anderen umarmte und küsste sie. Die meisten waren so groß wie meine Emilia, andere kleiner. Das waren bestimmt Elfenkinder. Nachdem die große Busselei vorbei war, stellte mich Emilia den anderen vor. Manche waren Freundinnen, manche gehörten zu Emilias Familie. Jetzt wollten alle mich umarmen und küssen. Ich setzte mich auf den Boden neben das Lagerfeuer, damit sie nicht an mir hochklettern mussten. Sie redeten wild durcheinander. Das machte mir aber nichts aus, denn ich konnte ihre Sprache sowieso nicht verstehen.

Danach setzten sich alle im Kreis um das Feuer, und es wurde still. Nur das Knistern der

brennenden Holzscheite und das Rauschen der Meereswellen waren zu hören.

Emilia, die sich neben mich gesetzt hatte, summte nach einer Weile des Schweigens einen hohen Ton, und alle summten mit. Dann begann sie zu singen. Ihre helle Stimme war so rein und klar, dass ich dachte, sie wäre nicht von dieser Welt. Die anderen Elfen stimmten mit ein. Wieder verstand ich kein Wort. Aber allein der Gesang war so schön, so wunderschön, dass mir die Tränen in die Augen stiegen. Sie liefen mir über die Wangen und tropften auf meine Hose. Als das Lied zu Ende war, weinte ich immer noch.

Mein Weinen hörte auch beim zweiten, dritten und vierten Lied nicht auf. Dann standen die Elfen auf und tanzten um das Feuer. Eine kleine Elfe kam auf mich zu, zupfte mich am Ärmel und bedeutete mir, aufzustehen und mitzutanzen. Alles war so wirklich, so echt, und doch dachte ich, dass es gar nicht wahr sein konnte.

Ich verlor das Gefühl für die Zeit. Wie lange waren wir jetzt hier? Eine halbe Stunde? Eine Stunde? Länger?

»Wir sollten jetzt gehen«, sagte Emilia irgendwann.

Ich nickte und wir verabschiedeten uns von den Elfen. Ich sagte »bless-bless«, so wie ich es von Oma Dotti gehört hatte. Die Elfen freuten sich und winkten uns zum Abschied. Auf dem Weg zurück zu Oma Dotti fühlte ich mich, als hätten mich diese kleinen zauberhaften Wesen hypnotisiert. Meine Füße schwebten über Wattewölkchen, in meinen Ohren klangen die Lieder nach, und der Wind trug mich vorwärts. Ich war froh, dass Emilia den Weg kannte.

Als ich Oma Dottis Stirnlampe und die beiden Fahrradleuchten am Rollstuhl sah, rannte ich los. Ich hüpfte auf Oma Dottis Schoß und umarmte sie.

»Danke, danke, danke!«, rief ich. »Das war ein Zauber, ein Wunder, ein Traum!«

Oma Dotti drückte mich fest. »Oder vielleicht alles zusammen«, flüsterte sie.

»Ja, alles zusammen«, flüsterte ich zurück. »Es war ein Zauberwundertraum.«

Ich spürte, wie meine Augen wieder feucht wurden.

Auf dem Heimweg sprachen wir nicht. Und das war gut so. Ich hatte Angst, dass laute Worte das schöne Zauberwundertraumgefühl wegpusten und auslöschen könnten. Und ich wollte es doch gern so lange wie möglich behalten.

Auch als wir zu Hause bei Helga waren, sprachen wir nicht. Oma Dotti zeigte nur auf das Sofa, auf dem mir Helga ein Bett gemacht hatte. Das Letzte, woran ich mich erinnere, war, dass Emilia neben mir lag und mir sanft über die Wange streichelte.

Fünfzehn

Zauberwundertraumüberraschung

Am nächsten Morgen brachten mich Oma Dotti und Helga zurück ins Hostel. Meine Familie saß noch beim Frühstück, und Mama lud die beiden Damen ein, auf eine Tasse Kaffee zu bleiben. Pillepalle und die Jottjotts waren muffelig. Sie hatten alle Muskelkater vom Liegestützmachen.

Mama und Papa waren dagegen sehr gesprächig. Sie erzählten begeistert von ihrem Konzertbesuch und davon, wie nett die Isländer wären. Sie hatten ein paar Leute kennengelernt, mit denen sie nach dem Konzert noch in eine Bar gegangen und ein Glas Wein getrunken hatten.

»Und wie war es bei dir?«, fragte Mama zum Schluss.

»Och, schön!«, antwortete ich und hatte nicht vor, auch nur ein weiteres klitzekleines Wort über den gestrigen Abend zu verlieren. Oma Dotti half mir dabei, indem sie Mama und Papa ablenkte und irgendwas über Konzerte, klassische Musik, das Meer und die Schifffahrt erzählte.

Ich musste grinsen. Oma Dotti ist nicht nur die netteste Omi der Welt, sie ist auch die raffinierteste.

Nach dem Frühstück brachten wir Oma Dotti mit dem Auto nach Hause. Anschließend machten wir einen Ausflug. Papa und Pillepalle waren überglücklich, dass wir endlich den Mietwagen nutzten. Papa hatte aufgeschrieben, wo er hinfahren wollte, und mein großer Bruder durfte vorne sitzen. Papa ließ extra das Navi aus, damit Pillepalle lernen konnte, in Straßenkarten zu lesen und den richtigen Weg zu finden.

»Von einem Navi macht man sich nur abhängig«, sagte er. »In zehn Jahren kann keiner mehr eine Landkarte lesen und rausfinden, wo es langgeht.«

Ich weiß nicht, ob er damit recht hat. Ich weiß nur, dass er damit Pillepalle ganz schön ins Schwitzen brachte.

Aber er schaffte es, uns dorthin zu lotsen, wo Papa hinwollte. Wir besuchten einen Nationalpark, einen großen und einen kleinen Geysir und einen Wasserfall.

Im Park, so erklärte uns Papa, war ein Platz, an dem unterirdisch irgendwelche Platten aneinanderstießen. Die Platten von Europa und Asien. Ich hörte aber weder ein Scheppern noch Klappern oder andere Geräusche. Der kleine Geysir spuckte alle zehn Minuten richtig viel Wasser in die Höhe. So hoch, dass alle Leute, die drum herumstanden, gleichzeitig O und A riefen und fotografierten. Und das alles, obwohl das Loch im Boden gar nicht groß war. Der Wasser spuckende Geysir erinnerte mich an einen Walfisch. Ich hatte mal in einem Film gesehen, wie diese Tiere Wasser aus einer Öffnung in ihrem Rücken pusteten. Was wäre, wenn die Erde keine Kugel, sondern ein riesiger Walfisch wäre? Und wir stünden auf seinem Rücken und würden ihn genau jetzt beim Ausatmen beobachten?

Das war eine schöne Vorstellung, aber ich wischte den Gedanken weg und fragte mich, ob mich die Elfen mit ihrer Party in der letzten Nacht verzaubert hätten. Wer weiß? Vielleicht war es so.

Wir fuhren weiter. Mitten hinein in einen Regenschauer. Doch schon nach ein paar Minuten waren die Wolken leer, und ein Wind kam auf.

Papa fuhr auf einen Parkplatz. Wir sahen den Wasserfall sofort. Doch als Pillepalle aussteigen wollte, kriegte er die Tür nicht auf.

»Vielleicht ist da eine Kindersicherung aktiviert«, sagte Papa. »Ich mach dir die Tür von außen auf.«

Aber als er aussteigen wollte, kriegte er seine Tür genauso wenig auf.

»Verflixt nochmal!«, fluchte Papa. »Was ist denn das für ein saumäßiger Wind?!«

Mir fiel ein, was mir Emilia darüber erzählt hatte.

»Hier in Island gibt es viele Arten von Wind«, sagte ich zu den anderen. »Zum Beispiel

Geradeauswinde, Kreiswinde, Querwinde und Längswinde.«

»Spinnst du?!« Jannik tippte sich an die Stirn.

»Ich glaub, du hast Winde im Hirn!« Julius beschrieb mit seiner Hand einen Kreis über seinem Kopf.

Beleidigt verschränkte ich die Arme und schaute aus dem Fenster.

»Wenn ihr mir nicht glauben wollt, dann lasst es einfach. Ich jedenfalls gehe nicht raus. Denn heute ist ein Tag, an dem sich die verschiedenen Winde darüber streiten, wer der Stärkere ist. Und wer mitten in einem solchen Windwettstreit steht, der wird durch die Luft gewirbelt.«

Wie auf Kommando rüttelte der Wind an unserem Auto. Es schwankte bedrohlich hin und her. Aber Papa ließ sich nicht beirren. Mit seiner ganzen Kraft warf er sich gegen die Tür und drückte sie dann mit beiden Händen auf. Er sprang aus dem Wagen, machte erst die Seitenschiebetür auf und dann die Beifahrertür.

»Los! Kommt raus!«, brüllte Papa gegen die Lautstärke des Windes an. »Wir nehmen uns alle an den Händen, dann kann nichts passieren.«

O nein! Ich wollte da nicht raus. Aber als Einzige im Auto bleiben, das wollte ich auch nicht. Mama schnappte meine Hand und zog mich nach draußen. Das, was uns empfing, war kein Wind mehr, das war ein Sturm. Ein erwachsener Sturm. Ich wollte so schnell wie möglich zurück ins Auto. Doch da fielen mir der gestrige Abend und die Elfenparty wieder ein. Wie ich zusammen mit Emilia und den anderen Elfen um das Feuer getanzt war.

Wer mit dem Feuer tanzt, der kann auch dem Sturm standhalten, dachte ich und fühlte mich mit einem Mal so mutig wie zehn Elfen.

»Vorwärts!«, rief ich. »Wasserfall, wir kommen!«

Aneinandergehängt wie die Glieder einer Kette kämpften wir uns im Sturm voran und hin zu der Absperrung aus Seilen.

Mama streckte ihren freien Arm zur Seite. »Da kann man ja gar nicht umfallen!«, rief sie und legte sich gegen den Wind. Sie fiel tatsächlich nicht um.

Papa lachte, weil er Mama so lustig fand. Er lachte, giggelte, kicherte, prustete und grölte. Alles durcheinander. Und wieder von vorn. Er konnte sich überhaupt nicht mehr halten vor lauter Lachen. Das war so ansteckend, dass wir alle mitlachen mussten. Wir bekamen einen richtigen Lachanfall. Es waren vielleicht noch zehn oder fünfzehn Meter bis zur Absperrung, aber dafür brauchten wir ewig. Erst als wir endlich vorne an den Seilen standen und der Anfall vorbei war, hörten wir auf die Geräusche, die der gigantische Wasserfall machte, und bildeten uns ein, er würde mit uns lachen. Genauso wie der Wind, der uns wieder und wieder unter die Jacken fuhr und von allen Seiten schubste.

»Manchmal ist so 'ne Natur einfach das Beste«, sagte Julius, und alle nickten. Dass mal alle nicken, kommt in unserer Familie ziemlich selten vor. Das sag ich nur, damit alle wissen, wie toll es dort am Wasserfall war.

Es war ziemlich spät, als wir zurück ins Hostel kamen. Wir machten nur noch Katzenwäsche, bevor wir ins Bett fielen. Emilia kuschelte sich an mich. Als ich meine Arme um sie legte, war das schöne Gefühl wieder da. Das Zauberwundertraumgefühl. Das wollte ich behalten. Für immer.

Wenn ich in den nächsten Tagen an den Tanz

um das Feuer dachte oder an den lachenden Wasserfall, dann spürte ich es wieder.

Das Gefühl blieb auch, als wir am Ende unseres Urlaubs unsere Koffer packten, Oma Dotti abholten und zum Flughafen fuhren. Als wir unsere Koffer abgegeben hatten, blieb uns viel Zeit zum Rumhängen. Die Jottjotts schliefen auf einer Wartebank ein, Pillepalle war traurig, weil er Sunna, in die er sich verliebt hatte, nicht so schnell wiedersehen würde. Sie hatten ausgemacht, sich zu schreiben und zu telefonieren, aber das war bestimmt nicht das Gleiche wie Händchen halten und so. Abends, wenn wir von unseren Ausflügen zurückkamen, hatten sie sich meist getroffen. Mal mit Skateboard, mal ohne.

Mama und Papa tranken Kaffee, und Oma Dotti strickte einen neuen Schal. Und ich? Ich nahm mein Buch und fing an, alles aufzuschreiben, was wir erlebt hatten. Ich schrieb über die Ausflüge, die wir noch gemacht hatten, über die viele Gegend, die wir gesehen hatten, und dass kein einziger Vulkan ausgebrochen war und Asche gespuckt hatte. Ich schrieb über die Fahrt mit dem Walbeobachtungsschiff und darüber, dass es den Jottjotts bei dem hohen Wellengang kotzübel geworden war. Pillepalle hatte sich über die beiden lustig gemacht und gesagt: »Ihr seid Süßwasserpiraten und keine Moby-Dick-Bezwinger!«

Auch im Flugzeug schrieb ich weiter. Und ich hätte weitergemacht, wäre das Flugzeug nicht irgendwann gelandet. Vom vielen Schreiben und Erinnern war mir ganz wattewolkig und zauberwundertraumig geworden, und ich bemerkte nicht einmal, dass Oma Dotti meiner Mama bei der Verabschiedung vor dem Altersheim einen Koffer gab, der bei unserer Hinreise noch nicht dabei gewesen war.

Erst als ich in meinem Zimmer das unbekannte Gepäckstück neben meinem und dem kleinen rotweißgepunkteten Koffer stehen sah, wurde ich stutzig.

»Willst du nicht mal reinschauen, was da drin ist?«, grinste Emilia.

»Wo kommt der denn her?!«, fragte ich zurück und traute mich nicht, auch nur einen Schritt auf den Koffer zuzugehen.

»Mit schönen Grüßen von Oma Dotti«, antwortete Emilia und grinste noch mehr. »Mach doch auf! Der beißt nicht.«

»Okay, okay.« Ich holte tief Luft, schlich hin und setzte mich auf den Boden vor den abgewetzten braunen Lederkoffer. Mit zittrigen Händen ließ ich die Verschlüsse aufschnappen. Nicht einmal eine Sekunde, nachdem ich das Klacken der Schnallen hörte, sprang der Kofferdeckel auf und zwei klitzekleine Wesen hüpften heraus.

»Überraschung!«, riefen zwei Elfen, und ich wäre vor Schreck fast in Ohnmacht gefallen.

»Wo … wo … kommt ihr denn her?!«, stotterte ich.

»Dreimal darfst du raten!«, sagte die eine, und ich wusste im selben Moment, wie dumm meine Frage gewesen war.

»Warum seid ihr hier?«, versuchte ich es ein wenig schlauer.

»Wir wollten auch einmal so weit reisen wie unsere Freundin Emilia«, sagte die andere.

Emilia sprang vom Bett. »Eins nach dem anderen und der Reihe nach«, sagte sie. »Zuerst mache ich euch miteinander bekannt. Das hier«, sie deutete auf die Elfe mit der weißen Bluse, »das ist Lilja.«

Ich gab Lilja die Hand. »Herzlich willkommen … in … äh … in meinem Zimmer«, sagte ich, noch immer völlig verdutzt.

»Und das hier ist Thordis«, fuhr Emilia fort.

Die Elfe im blauen Kleid mit weißem Kragen streckte mir ihre Hand entgegen. »Herzlich willkommen … in … äh … in deinem Zimmer.« Sie lachte mich an und zwei strahlend weiße Zahnreihen blitzten auf.

Durch meinen Kopf schossen tausend Fragen. Ich wusste nicht, welche ich zuerst stellen sollte. »Kannst du mir bitte alles erklären? Der Reihe nach?«, bat ich Emilia.

»Da gibt es nicht viel zu erklären«, antwortete sie und nahm ihre Lieblingshaltung ein. Hände in die Hüften. »Ich habe von dir erzählt. Und von deiner Familie, deiner Schule, deiner Lehrerin. Und von deinen Freundinnen Annalena und Inga. Da wurden Lilja und Thordis neugierig und wollten unbedingt mitkommen.«

Emilia sagte das alles mit einer Selbstverständlichkeit, als würde sie mir erklären, wie man zur nächsten Eisdiele kommt.

»Lilja wird bei Annalena wohnen und Thordis bei Inga.«

Ich brauchte lang, um zu kapieren, was Emilia da gesagt hatte.

»Lilja bei Annalena und Thordis bei Inga«, wiederholte ich langsam Silbe für Silbe. So als würde ich glauben, dann besser zu verstehen, was das alles bedeutete.

Mir kam ein Gedanke. »Emilia, sei ehrlich. Hast du die beiden mitgebracht, damit du weniger Heimweh hast?«

Emilia machte eine wegwerfende Handbewegung. »Quatsch. Heimweh krieg ich nur einmal in hundert Jahren. Dann muss ich für ein paar Wochen nach Island, und schon bin ich wieder froh.«

Das war echte emilianische Mathematik. Keiner konnte nachrechnen, ob es stimmte, was sie da behauptete.

»Seid ihr miteinander verwandt?«, lautete meine nächste Frage.

»Nein, nein«, sagte Lilja.

»Wahrscheinlich nicht«, sagte Thordis.

»Wir kennen uns schon sehr lange. Seit unserer Kindergartenzeit. Da haben wir zusammen im Aschekasten gespielt«, erklärte Emilia.

»Im Aschekasten?«

»Das ist bei uns Elfen das, was für euch Menschenkinder ein Sandkasten ist.«

Langsam lösten sich die Knoten in meinem Kopf, und ich konnte wieder klarer denken.

»Warum könnt ihr eigentlich meine Sprache sprechen?«, fragte ich Lilja und Thordis. »Während der Party habt ihr doch alle nur Isländisch geredet.«

»Oma Dotti hat einen Intensivkurs mit uns gemacht«, grinste Lilja.

»Wir Elfen lernen sehr schnell, wenn wir Lust dazu haben«, erklärte Thordis.

Es dauerte eine ganze Stunde, bis die beiden Elfen alle meine Fragen beantwortet hatten. Ich wollte alles ganz genau wissen. Wo sie herkamen, ob sie Hobbys hatten, ob sie gern Bücher vorgelesen bekamen, ob sie auch so frech und mutig waren wie Emilia und so weiter und so weiter.

»Jetzt hast du dich aber total leer gefragt«, beendete Emilia plötzlich das Gespräch. »Es ist Zeit!«

Ich verstand nicht. »Zeit für was?!«

»Zeit für was?!«, äffte mich Emilia nach. »Für was schon???«

Mir wurde heiß. Mir wurde kalt. Abwechselnd.

»Du meinst, ich soll …«

»Ja, ich meine, du sollst jetzt Annalena und Inga holen.«

Ich stand auf und ging zur Tür. »Ihr seid aber bitte schön brav und macht keinen Unsinn, bis ich wieder hier bin.«

Die drei Elfen saßen nebeneinander auf dem Boden, machten unschuldige Gesichter und nickten. »Natürlich sind wir brav«, sagten sie im Chor. Ich glaubte ihnen kein Wort, ging aber trotzdem zum Telefon und wählte zuerst Annalenas Nummer. Nach dem dritten Läuten war sie dran.

»Ich bin zurück aus Heißundeisland«, sagte ich.

»Was? Wo?«, fragte sie verdattert.

»Heißundeisland«, wiederholte ich. »Da waren wir doch in Urlaub! Und es war der schönste Urlaub, den wir je gemacht haben. Am Anfang sind wir ganz viel im Gänsemarsch gelaufen und haben Schlange gestanden, weil meine Brüder schlimmer waren als ein Sack Flöhe. Manchmal bin ich den anderen auch hinterhergedackelt.

Wenn wir Bärenhunger hatten, haben wir heiße Hunde gegessen. Kalten Hund gab es auch einmal. Wir haben oft abends Schafkopf gespielt, aber keinen Schafskopf gegessen. Das machen nur die Isländer. Die Jottjotts wollte ich mal auf dem Flohmarkt verkaufen, weil sie doof waren. Für das Geld wollte ich mir Meerschweinchen oder Zwergkaninchen kaufen. Hab sie aber dann doch nicht verkauft, weil die Jottjotts manchmal auch arme Schweine sind. Besonders wenn sie geschimpft werden. An dem Tag, als ich kein Angsthase war, nur ein Angstzwergkaninchen, bin ich trotz Gänsehaut bei neun Grad in ein Fass mit heißem Wasser gesprungen. Meine Brüder hatten schlimmen Muskelkater, und ein paarmal haben wir abends nur Katzenwäsche gemacht, weil wir so hundemüde waren. Am Wasserfall war ein saumäßiger Wind, und die Gänse, Schwäne und Enten auf dem Teich haben …«

»Halt! Stopp!«, unterbrach mich Annalena mit lauter Stimme. »Sag mal, was ist denn mit dir los? Wart ihr zwei Wochen im Zoo?«

Ich musste lachen. »Nein, nein. Wir waren im Heißundeisland. Hab ich doch gesagt!«

Für einen Moment war es ganz still am anderen Ende der Leitung.

»Bist du sicher, dass mit dir alles in Ordnung ist?«, fragte Annalena dann zaghaft leise.

»Ich war noch nie so sicher, dass mit mir alles in Ordnung ist«, antwortete ich mit fester Stimme. »Vor allem, seit ich dieses neue Gefühl kennengelernt habe.«

»Was soll das bedeuten, du hast ein neues Gefühl gelernt?«, fragte Annalena ungläubig.

»Es heißt Zauberwundertraumgefühl!«, verkündete ich stolz.

Wieder herrschte Schweigen am anderen Ende der Leitung.

»Willst du dieses Gefühl auch haben?«, fragte ich.

»Ich habe zwar keine Ahnung, von was du sprichst«, lachte Annalena. »Aber Zauberwundertraumgefühl hört sich so schön an, dass ich wissen will, wie es sich anfühlt.«

Ich grinste wie ein Honigkuchenpferd.

»Dann musst du bei mir vorbeikommen«, sagte ich. »Inga rufe ich auch gleich an. Hier wartet nämlich eine Überraschung auf euch beide.«

»Rache ist zuckersüß«, sagt Emilia

Wenn Emilia sich nicht in meinen Ranzen geschmuggelt hätte, hätte die blöde Inga auch nicht in die Klasse rufen können: »Pippa spielt noch mit Puppen!« Emilia sah man schließlich nicht an, dass sie eine echte Elfe ist. Dann wäre es auch nicht zur Senf-im-Schuh-Rache gekommen. Und meine Lehrerin hätte mich nicht dabei ertappen können. Und dann hätte es die Käsekuchenschlacht nicht gegeben und die große Versöhnung auch nicht. Und Inga wäre vielleicht nicht meine Freundin geworden …

Barbara van den Speulhof
Pippa, die Elfe Emilia und die Käsekuchenschlacht
Mit Bildern von Regina Kehn
224 Seiten, gebunden

Fischer Schatzinsel

fi 85539 / 1